W0191395

Die Staatsanwaltsklausur: Prüfungswissen für das Assessorexamen

von

Dr. Lasse Dinter LL.M.

Professor an der HSPV NRW
Ehemaliger Staatsanwalt und Richter am Landgericht

und

Dr. Christian Jakob LL.M.

Rechtsanwalt und Partner
Lehrbeauftragter an der
Carl von Ossietzky Universität Oldenburg

4., neu bearbeitete Auflage

 C.F. Müller

Bibliografische Information der Deutschen Nationalbibliothek
Die Deutsche Nationalbibliothek verzeichnet diese Publikation in der Deutschen National-
bibliografie; detaillierte bibliografische Daten sind im Internet über <http://dnb.d-nb.de> ab-
rufbar.

ISBN 978-3-8114-5317-3

E-Mail: kundenservice@cfmueller.de
Telefon: +49 6221/1859-599
Telefax: +49 6221/1859-598

www.cfmueller.de
www.cfmueller-campus.de

© 2021 C.F. Müller GmbH, Waldhofer Straße 100, 69123 Heidelberg

Satz: preXtension, Grafrath
Druck: CPI books, Leck

Vorwort

Das Lehrbuch soll Ihnen auch in der 4. Auflage das typische Klausurwissen vermitteln und eine Handreichung sein, mit der Sie die für die *Klausur*praxis typischerweise relevanten Vorschriften des Strafprozessrechts kennenlernen. Zu diesem Zweck werten wir seit Jahren zahlreiche Examensklausuren unterschiedlicher Bundesländer aus, um inhaltlich stets „dicht" an der Klausurrealität zu bleiben. Anhand von Beispielen und Formulierungshilfen wird Ihnen der systematische Zugang sowie die zügige Wiederholung typischer Fallgestaltungen in der Staatsanwaltsklausur ermöglicht. Regionale Besonderheiten – beispielsweise bei der Darstellung der Anklageschrift – haben wir bestmöglich zu berücksichtigen versucht.

In der 4. Auflage waren zahlreiche Änderungsgesetze der Strafprozessordnung einzuarbeiten. Auch in der Neuauflage legen wir besonderen Wert auf die **Vermittlung von Strukturen**, anstatt den Inhalt der Kommentarliteratur nur zu wiederholen. Besonderer Dank gebührt Frau *Dr. Diebel*, die durch wertvolle Hinweise zum Gelingen der Neuauflage beigetragen hat.

Wir freuen uns über Ihre kritischen und lobenden Rückmeldungen. Schreiben Sie uns eine E-Mail an:

lassedinter@me.com

Zur **Wiederholung und Vertiefung** des notwendigen Examensstoffes nutzen Sie zusätzlich unseren

Online-Kurs
„Die Staatsanwaltsklausur im Assessorexamen".

Informieren Sie sich zu diesem Angebot auf unserer Internetseite. Dort finden Sie auch ergänzende Übersichten und Prüfungsschemata, die Sie kostenlos herunterladen können:

www.assrep.de

Hamburg/Oldenburg, im Januar 2021

Lasse Dinter
Christian Jakob

Inhaltsverzeichnis

Literaturverzeichnis

Bender/Nack/Treuer	Rolf Bender/Armin Nack/Wolf-Dieter Treuer Tatsachenfeststellung vor Gericht 4. Auflage 2014
Barton	Stephan Barton, Anmerkung StRR 2011, 341 ff.
Berlin	Hinweise zur Erstellung der Staatsanwaltsklausur im Kammergerichtsbezirk Berlin, Stand: Februar 2017 (Skript von Arbeitsgemeinschaftsleitern im Land Berlin, das vom Präsidenten des JPA Berlin inhaltlich gebilligt wurde); online verfügbar
Beulke/Swoboda	Werner Beulke/Sabine Swoboda Strafprozessrecht 15. Auflage 2020
Böß	Tillmann Böß, Das Gesetz zur Neuregelung des Rechts der notwendigen Verteidigung, NStZ 2020, S. 185 ff.
Brunner	Raimund Brunner Abschlussverfügung der Staatsanwaltschaft 14. Auflage 2019
Brunner/Brößler/Reiher	ders./Leander Brößler/Jürgen Reiher Strafrechtliche Assessorklausuren 10. Auflage 2018
Charchulla/Welzel	Tim Charchulla/Marcel Welzel Referendarausbildung in Strafsachen 4. Auflage 2018
Deiters	Mark Deiters, Entscheidungsanmerkungen ZJS 2008, 212 ff. sowie ZJS 2008, 93 ff.
Dinter/David	Lasse Dinter/Daniel David, Das Strafbefehlsverfahren in der mündlichen Prüfung des Assessorexamens, JA 2012, S. 281 ff.
Eisenberg	Ulrich Eisenberg Beweisrecht der StPO 10. Auflage 2017 (zitiert: Eisenberg)
Eisenberg/Kölbel	Ulrich Eisenberg/Ralf Kölbel Kommentar zum Jugendgerichtsgesetz 21. Auflage 2020 (zitiert: Eisenberg/Kölbel, JGG)
Emde	Raimond Emde, Formulierungshilfen zu Gutachten, Anklageschrift und Begleitverfügung in der Assessorklausur, JuS 1996, S. 442 ff.

Engländer	Armin Engländer Examens-Repetitorium Strafprozessrecht 10. Auflage 2020
Fischer	Thomas Fischer Strafgesetzbuch mit Nebengesetzen 68. Auflage 2021
Hagemeyer/Heller	Teoman M. Hagemeyer/Franz M. Heller, Formale Fragen der Anklage in der strafrechtlichen Assessorklausur, JA 2017, 535 ff. (Teil I), JA 2017, 622 ff. (Teil II)
Haller/Conzen	Klaus Haller/Klaus Conzen Das Strafverfahren 8. Auflage 2018
Heghmanns/Herrmann	Michael Heghmanns/Gunnar Herrmann Das Arbeitsgebiet des Staatsanwalts 5. Auflage 2017
Hombrecher	Lars Hombrecher, Die Rechtsfolgen der Jugendstraftat, JA 2008, S. 452 ff.
KK-StPO/Griesbaum	Karlsruher Kommentar zur Strafprozessordnung 8. Auflage 2019
Kaiser/Bracker	Horst Kaiser/Ronald Bracker Die Staatsanwaltsklausur im Assessorexamen 7. Auflage 2020
Kuschnik	Bernhard Kuschnik, Erklärungspflichten der Staatsanwaltschaft bei Anklageerhebung eines zuvor unter Einstellung verwiesenen Privatklageverfahrens?, JA 2010, 814 ff.
Meyer-Goßner/Schmitt	Lutz Meyer-Goßner/Bertram Schmitt Kommentar zur Strafprozessordnung 64. Auflage 2021
Möller/Hamdi	Martin Möller/Djawaneh Hamdi, Die Bearbeitung des Verfahrensrechts in der strafrechtlichen Assessorklausur im Rahmen des sog. B-Gutachtens, JuS 2011, S. 324 ff.
MüKo-StPO	Münchener Kommentar zur Strafprozessordnung Band 1, §§ 1-150 StPO, 1. Auflage 2014 Band 2, §§ 151-332 StPO, 1. Auflage 2016
Nds. Justizministerium	Der juristische Vorbereitungsdienst in Niedersachsen, Vorschriften, Ausbildungspläne und Prüfungshinweise, Stand: Juli 2019 (zitiert: Nds. Vorbereitungsdienst) Die staatsanwaltliche Praxis in Niedersachsen, Arbeitsmaterial für die Ausbildung bei der Staatsanwaltschaft, Stand: September 2005 (zitiert: Nds. Praxis)
NK/*Bearbeiter*	Nomos Kommentar Großkommentar zum StGB Urs Kindhäuser/Ulfrid Neumann/Hans-Ullrich Paeffgen (Hrsg.) 5. Auflage 2017

Ostendorf	Heribert Ostendorf, Anleitung für Sitzungsvertreter der Staatsanwaltschaft in der Hauptverhandlung vor dem Jugendgericht, ZJJ 2010, S. 183 ff.
OWiG/*Bearbeiter*	Benjamin Krenberger/Carsten Krumm Kommentar zum Ordnungswidrigkeitengesetz 5. Auflage 2018
Radtke	Henning Radtke, Entscheidungsanmerkung, NStZ 2017, S. 177 ff.
Rieso	Horst-Rüdiger Rieso, Der Abschluss des Ermittlungsverfahrens – Arbeitsanleitung für Referendarinnen und Referendare bei der Staatsanwaltschaft in Niedersachsen (zitiert: Rieso, Ermittlungsverfahren)
ders.	Die strafrechtliche Klausur im zweiten Staatsexamen (zitiert: Rieso)
Sachsen-Anhalt	Ministerium für Justiz und Gleichstellung des Landes Sachsen-Anhalt – Landesjustizprüfungsamt – Aufsichtsarbeiten – strafrechtliche Aufgabenstellung – Zweite juristische Staatsprüfung, www.ljpa.sachsen-anhalt.de; Stand: Januar 2018
Solbach/Auchter-Mainz/Deller/ Schützeberg	Günter Solbach/Elisabeth Auchter-Mainz/Robert Deller/ Jost Schützeberg Anklageschrift, Einstellungsverfügung, Dezernat und Plädoyer 14. Auflage 2016
Vordermayer/von Heintschel-Heinegg/Schnabl	Helmut Vordermayer/Bernd von Heintschel-Heinegg/ Robert Schnabl Handbuch für den Staatsanwalt 6. Auflage 2019
Weidemann/Scherf	Matthias Weidemann/Fabian Scherf Die Revision im Strafrecht 3. Auflage 2017
Weitner/Schuster	Friedrich Weitner/Thomas Schuster, Die Anklageschrift und das (Hilfs-)gutachten, JA 2014, S. 612 ff.
dies.	Die Abschlussverfügung, JA 2014, S. 295 ff.
dies.	Formale Fragen in der strafprozessualen Klausur, JA 2014, S. 59 ff.
Wolters/Gubitz	Gereon Wolters/Michael Gubitz Strafrecht im Assessorexamen 8. Auflage 2017

Einleitung

Die Staatsanwaltsklausur

In der staatsanwaltlichen Klausur soll der Referendar zeigen, dass er einen strafrechtlichen Sachverhalt in nur knapp bemessener Zeit im Wege zutreffender Schwerpunkt-
bildung in praxisgerechter Weise bearbeiten kann. Mit anderen Worten: Sie sollen in
die Rolle eines effizient und korrekt arbeitenden Staatsanwalts schlüpfen.

1

A. Süddeutscher Klausurtyp

In den **süddeutschen Bundesländern** wie in Bayern oder Baden-Württemberg gehört die Staatsanwaltsklausur neben der Revisionsklausur zu den häufigsten strafrechtlichen Klausurtypen im 2. Staatsexamen. Dort wird häufig der Entwurf der Abschlussverfügung der Staatsanwaltschaft einschließlich der Anfertigung eines sog.
Hilfsgutachtens (bzw. von Hilf*serwägungen*)[1] verlangt sein.

2

Die Frage, an welcher Stelle Sachfragen zu erörtern sind, bereitet den Referendaren
erfahrungsgemäß Probleme. Gut vertretbar dürfte dieser Aufbau sein:

Die Subsumtion der Tatbestände, die die Vorwürfe in der Anklageschrift begründen,
ist üblicherweise (erst) im *Hilfsgutachten* darzustellen.[2] Die Darstellung der Delikte,
bezüglich derer kein hinreichender Tatverdacht besteht, erfolgt im *Vermerk* der anzu-
fertigenden Abschlussverfügung oder – sofern diese erlassen ist – ebenfalls im Hilfsgutachten.

Struktur der Klausurlösung:

I.	**Entwurf der Abschlussverfügung mit Teileinstellung**
	Im „Vermerk": Darstellung der Delikte bzgl. derer kein hinreichender Tatverdacht besteht
II.	**Entwurf der Anklageschrift**
	Im „WE": Darstellung der Beweislage (insbesondere Beweisverwertungsverbote)[3]
III.	**Hilfsgutachten**
	Darstellung der Delikte, bzgl. derer der hinreichende Tatverdacht besteht

---

1   *Weitner/Schuster*, JA 2014, 612, 617.
2   *Weitner/Schuster*, JA 2014, 612, 616; im *Wesentlichen Ergebnis der Ermittlungen* („WE") des Ankla-
    geentwurfs erfolgt die Darstellung der Tatbestände ausnahmsweise nur dann, wenn die Rechtslage
    kompliziert ist, etwa bei Änderung der Rechtsprechung, widerstreitender obergerichtlicher Rechtspre-
    chung oder in Fällen juristischen Neulands.
3   Sollte das „WE" erlassen sein, erfolgt die Beweiswürdigung im Hilfsgutachten, vgl. *Weitner/Schuster*,
    JA 2014, 59, 61.

B. Nord- und mitteldeutscher Klausurtyp

3 In den **nord- und mitteldeutschen Bundesländern** ist in einem Gutachten (sog. A- und B-Gutachten) bezüglich aller aufgeworfenen Rechtsfragen Stellung zu beziehen, bevor der praktische Teil gefertigt wird. Im Einzelnen:

Im ersten Schritt ist das sog. **A-Gutachten** anzufertigen, in dem der ermittelte Sachverhalt materiell-rechtlich geprüft werden soll. Dies dürfte Ihnen im Ausgangspunkt keine Schwierigkeiten bereiten, da Sie auf Ihre strafrechtlichen Kenntnisse aus dem 1. Staatsexamen zurückgreifen können. Neu ist, dass die Tatsachengrundlage beweisrechtlich gewürdigt werden muss. Im Rahmen der Würdigung der Beweismittel sind in diesem Zusammenhang insbesondere Beweisverwertungsfragen zu problematisieren. Auch können die Strafverfolgungshindernisse in der Klausur nunmehr eine bedeutende Rolle spielen.

Im zweiten Schritt sind im sog. **B-Gutachten** prozessrechtliche Überlegungen anzustellen. Am Ende der Klausur sind die Ergebnisse in einen **praktischen Teil** zu kleiden, der in der Regel in dem Verfassen einer Anklageschrift besteht. In einigen Bundesländern ist überdies die Abschlussverfügung zu fertigen.

Das A-Gutachten ist „der bedeutsamste Teil der Klausur"[4]; gemäß den Empfehlungen in den staatlichen Musterlösungen soll die Prüfungsleistung im A-Gutachten zwischen 55 % bis teilweise sogar 80 % in die Klausurnote einfließen.[5] Das B-Gutachten und der praktische Teil dürften hingegen *im Regelfall* gleichgewichtig sein. Zuletzt galt häufig die – wohlgemerkt: unverbindliche – Empfehlung der Justizprüfungsämter, dass bei der Gesamtbeurteilung der Klausur das A-Gutachten zu 70 %, das B-Gutachten zu 10 % – 15 % und der Praktische Teil zu 15 % – 20 % zu gewichten seien. Nach unserer Erfahrung sind diese Bewertungsmaßstäbe indes zu ergänzen: Sie sind gut beraten stets einen praktischen Teil abzugeben. Ohnedies kann eine Klausur nur dann gelingen, wenn Sie im A-Gutachten die erforderlichen Schwerpunkte gesetzt und einen *praxistauglichen* praktischen Teil abgegeben haben. Die im B-Gutachten abzuarbeitenden Aspekte sowie das Verfassen der Anklageschrift (insb. Formulierung des abstrakten und konkreten Anklagesatzes) sollten Sie im Schlaf beherrschen. Mit der Klausuraufgabe wird nicht zuletzt geprüft, ob Sie einen umfangreichen Sachverhalt unter großem Zeitdruck bewältigen können. Nur Mut, Sie können das lernen!

Dem Buch liegt die Struktur des nord- und mitteldeutschen Klausurtyps zugrunde. Soweit der Inhalt nicht sinngemäß auf den süddeutschen Klausurtyp übertragbar ist, wird auf die Unterschiede und Besonderheiten der dortigen Klausuranforderungen gesondert hingewiesen.

---

4   Vgl. z.B. Hinweise des *LJPA Celle*, Nds. Vorbereitungsdienst, S. 96; ebenso Sachsen-Anhalt, S. 9.
5   Siehe auch *Hagemeyer/Heller*, JA 2017, 535, 540.

Erster Teil

Der Aufbau des A-Gutachtens

Die Darstellung des A-Gutachtens hat sich am Maßstab der Übersichtlichkeit zu ori-   4
entieren. Zweckmäßig ist der Aufbau, der dem Leser den größtmöglichen Überblick
verschafft. Etabliert haben sich die folgenden Grundsätze:

- Historisch zusammenhängende Geschehensabläufe (= prozessuale Taten) sind gesondert darzustellen.

Tipp:

Geben Sie den Abschnitten aussagekräftige Namen, ohne diese mit erst noch zu prüfenden
gesetzlichen Merkmalen zu bezeichnen.

Beispiele: *„Der Einbruch bei T“*; *„Die Prügelei zwischen A und B im Wald“* u.s.w.

- Alternativ bzw. innerhalb eines Abschnitts kann die Einteilung nach den Beschuldigten sinnvoll sein (z.B. 1. Abschnitt: *Der Einbruch bei O*; A. *Hinreichender
Tatverdacht gegen M*; B. *Hinreichender Tatverdacht gegen C* usw.).
- Achten Sie auf korrekte Gliederungsebenen (A., I., 1., a., aa., (1.)), die in besonderer Weise Übersichtlichkeit herstellen können.

Innerhalb eines Sinnabschnitts sollten Sie die Delikte grundsätzlich *chronologisch*
und die *gewichtigen Strafvorschriften zuerst* prüfen.

Erster Abschnitt

Prüfung des hinreichenden Tatverdachts

Der Prüfungsgegenstand im A-Gutachten ist der **hinreichende Tatverdacht**. Er liegt   5
vor, wenn überwiegend wahrscheinlich ist, dass der Beschuldigte in der Hauptverhandlung wegen einer Straftat verurteilt wird.[1] Der hinreichende Tatverdacht ist Voraussetzung für die Erhebung der Anklage, § 170 Abs. 1 i.V.m. § 203 StPO und auch
für den Antrag auf Erlass eines Strafbefehls, §§ 407 Abs. 1 S. 1, 408 Abs. 2 S. 1
StPO. Bevor der Beschuldigte aber angeklagt werden darf, muss ihm zuvor rechtliches Gehör gewährt werden, § 163a Abs. 1 S. 1 StPO. Ist das geschehen, wird der
hinreichende Tatverdacht nur aus drei Gründen zu verneinen sein:

- die Straftat ist nicht *verfolgbar*
- die Handlung ist nicht *strafbar*
- die Straftat ist nicht *nachweisbar*

---

1 *Meyer-Goßner/Schmitt*, § 203 Rn. 2.

Alle genannten Gesichtspunkte müssen sich zwingend in der Prüfungsabfolge des hinreichenden Tatverdachts widerspiegeln.

Zum weiteren Aufbau des Lehrbuchs: Im ersten Abschnitt werden die einzelnen Prüfungspunkte des hinreichenden Tatverdachts im Zusammenhang dargestellt. Im zweiten und dritten Abschnitt vertiefen wir gesondert die Strafverfolgungshindernisse sowie die – besonders klausurrelevante – Beweiswürdigung inklusive der wichtigen Beweisverwertungsverbote.

A. Gewährung des rechtlichen Gehörs, § 163a StPO

6   In manchen Klausurakten fällt der Tatverdacht auf eine Person, die im Ermittlungsverfahren bislang allenfalls als Zeuge in Erscheinung getreten ist.

Beispiel: In der Wohnung des B soll nach Aussage des A der B den C geschlagen haben. In der Beschuldigtenvernehmung lässt sich B ein, dass sich A zuvor gegen dessen Willen Zutritt zur Wohnung verschafft habe. Laut Akte wurde A bislang nur als Zeuge vernommen.

7   Der Prüfung des hinreichenden Tatverdachts gegen A wegen § 123 Abs. 1 StGB steht im Beispiel § 163a Abs. 1 S. 1 StPO entgegen. Erst wenn dem Beschuldigten rechtliches Gehör gewährt worden ist, soll Anklage erhoben bzw. ein Strafbefehl beantragt werden.[2] Deshalb müssen Sie (vorbehaltlich anders lautender Anweisungen im Bearbeitervermerk) im *B-Gutachten* den **Anfangsverdacht** gem. § 152 Abs. 2 StPO gegen den Zeugen prüfen und die Einleitung des Strafverfahrens, insb. die verantwortliche Vernehmung der betreffenden Person als Beschuldigten, in der Abschlussverfügung verfügen.

8   **Die Verdachtsstufen der StPO**

Die StPO kennt drei unterschiedliche Verdachtsstufen:
- **Anfangsverdacht:** Er ist für die Aufnahme von Ermittlungstätigkeiten erforderlich. Er liegt vor, wenn nach kriminalistischer Erfahrung das Vorliegen einer Straftat möglich erscheint.[3] Denselben Verdachtsgrad weist der sog. *einfache Tatverdacht* auf, der Voraussetzung für bestimmte Zwangsmaßnahmen ist, beispielsweise für die Durchsuchung (§§ 102 ff. StPO).[4]
- **Hinreichender Tatverdacht** wird bejaht, wenn die überwiegende Wahrscheinlichkeit besteht, dass der Beschuldigte in einem künftigen Strafprozess verurteilt wird. Wörtlich steht er in § 203 StPO, wonach der Richter nach Anklageerhebung nur bei diesem Verdachtsgrad das Hauptverfahren eröffnen darf. Da das Ziel der Anklageerhebung immer die Eröffnung des Hauptverfahrens sein wird, ist der Maßstab des § 203 StPO schon im Zeitpunkt der Erhebung der öffentlichen Klage gem. § 170 Abs. 1 StPO maßgeblich.

---

2 Der Verstoß gegen § 163a Abs. 1 S. 1 StPO ist aber nicht revisibel, das rechtliche Gehör kann im Zwischenverfahren nachgeholt werden, *Meyer-Goßner/Schmitt*, § 163a Rn. 1.
3 *Meyer-Goßner/Schmitt*, § 152 Rn. 4.
4 *Meyer-Goßner/Schmitt*, § 102 Rn. 2.

- **Dringender Tatverdacht:** Für besonders eingriffsintensive Ermittlungshandlungen wie die Untersuchungshaft (§§ 112 ff. StPO) oder die vorläufige Entziehung der Fahrerlaubnis (§ 111a StPO) ist dringender Tatverdacht notwendig. Er ist gegeben, wenn der Beschuldigte nach dem gegenwärtigen Ermittlungsstand mit großer Wahrscheinlichkeit Täter oder Teilnehmer einer Straftat ist.[5]

B. Der Obersatz

Die Formulierung des **Obersatzes** weist Unterschiede zum 1. Staatsexamen auf. Zum einen ist der Prüfungsgegenstand nie die *Strafbarkeit* einer Handlung (nicht: „A könnte sich wegen (…) *strafbar* gemacht haben, indem (…)"), sondern stets nur der *hinreichende Tatverdacht*. Fehler an dieser Stelle wiegen schwer, weil Ihnen fehlendes Systemverständnis vorgeworfen werden könnte.

Zum anderen wird in manchen Bundesländern wie in Niedersachsen und Sachsen-Anhalt verlangt, dass Sie das Beweismittel nennen, das Sie zur Prüfung eines hinreichenden Tatverdachts veranlasst.[6]

Formulierungsbeispiel: „Die Aussage des Zeugen Bähre, der Beschuldigte A habe ihn geschlagen, gibt Anlass zur Prüfung eines hinreichenden Tatverdachts gem. § 223 Abs. 1 StGB."

In Bundesländern wie NRW und im Bereich des Gemeinsamen Prüfungsamtes der Länder Freie Hansestadt Bremen, Freie und Hansestadt Hamburg und Schleswig-Holstein (GPA) ist es hingegen üblich, dass Sie die zu prüfende tatsächliche Handlung benennen.

Formulierungsbeispiel: „A könnte sich gem. § 223 Abs. 1 StGB hinreichend verdächtig gemacht haben, *indem/wenn*[7] er M schlug."

Wenn Sie die Tathandlung näher beschreiben, benutzen Sie – wie auch bei der Bezeichnung der Abschnitte im A-Gutachten – **nie Rechtsbegriffe**; diese gilt es erst noch zu prüfen.

Falsch: „Die Aussage des Zeugen B, der Beschuldigte A habe ihm das Handy *weggenommen*, gibt Anlass zur Prüfung eines hinreichenden Tatverdachts gem. § 242 Abs. 1 StGB."

Richtig: „Die Aussage des Zeugen B, der Beschuldigte A habe Bs Handy *in die eigene Jackentasche gesteckt*, gibt Anlass zur Prüfung eines hinreichenden Tatverdachts gem. § 242 Abs. 1 StGB."

Nach dem Obersatz sollten Sie den hinreichenden Tatverdacht einmalig in der Klausur definieren.

9

10

---

[5] *Meyer-Goßner/Schmitt*, § 112 Rn. 5.

[6] So das *LJPA Celle*, Nds. Vorbereitungsdienst, S. 91 f.; diese Formulierungsweise ist dann umständlich, wenn mehrere Beweismittel die Prüfung des hinreichenden Tatverdachts veranlassen oder die Aussage eines Zeugen längeren Inhalts ist. *Rieso*, S. 27, empfiehlt die einzelnen Zeugen (bzw. Beweismittel) zu nennen, ohne den Inhalt der Aussagen wiederzugeben.

[7] „Wenn" verwenden Sie, wenn der Sachverhalt unklar ist.

C. Vorliegen von Strafverfolgungshindernissen

11 Bevor Sie in die Deliktsprüfung einsteigen, denken Sie zunächst an das Vorliegen etwaiger **Strafverfolgungshindernisse** bzw. **-voraussetzungen**, die Sie nur ansprechen, sofern hierzu Anlass besteht.

Es gibt personenbezogene (z.B. Strafunmündigkeit, § 19 StGB) und sachbezogene (z.B. anderweitige Rechtshängigkeit) Strafverfolgungshindernisse bzw. -voraussetzungen. Typischerweise sind aber lediglich drei von ihnen in der Klausur relevant:

- der Strafklageverbrauch
- kein (wirksamer) Strafantrag bei absoluten Strafantragsdelikten
- die Verjährung

Liegt ein Strafverfolgungshindernis vor bzw. fehlt eine Strafverfolgungsvoraussetzung, ist der hinreichende Tatverdacht aus Rechtsgründen zu verneinen. Jede weitere Prüfung der Strafvorschrift verbietet sich sodann in der Klausur. Vertiefendes hierzu in Abschnitt 2.

D. Prüfung des Delikts

12 Ist die Straftat verfolgbar, sind im nächsten Schritt die Voraussetzungen der Strafvorschrift zu prüfen. Das kennen Sie aus dem 1. Staatsexamen.

13 Im **Tatbestand** prüfen Sie wie gewohnt die Tatbestandsmerkmale des Delikts unter Auswertung des ermittelten Sachverhalts. Liegen Tatbestandsmerkmale unproblematisch vor (z.B. das Polizeiauto ist eine „fremde bewegliche Sache" gem. § 242 Abs. 1 StGB), sollten Sie dies im *Urteilsstil* feststellen. Im 2. Staatsexamen gilt es in verstärktem Maße nur die problematischen Tatbestandsmerkmale im *Gutachtenstil* zu prüfen. Bei der Subsumtion müssen Sie die in Betracht kommenden Beweismittel würdigen und ggf. prüfen, ob sie prozessual verwertbar sind. Hier können **Schwerpunkte** der Klausur liegen. Vertiefendes hierzu in Abschnitt 3.

Benannte minder schwere bzw. **besonders schwere Fälle** wie § 213 oder § 246 Abs. 2 StGB sowie Tatbestände mit **Regelbeispielen** (insb. § 243 StGB) werden –wie auch Qualifikationen und Privilegierungen – in die Deliktsprüfung integriert.[8] Die erheblich verminderte Schuldfähigkeit gem. **§ 21 StGB** soll teilweise im A-Gutachten (z.B. im GPA-Bereich)[9] und teilweise im B-Gutachten[10] (dort unter dem Gesichtspunkt der sachlichen Zuständigkeit des Gerichts) geprüft werden. **Unbenannte** besonders schwere oder **minder schwere Fälle** (z.B. § 250 Abs. 3 StGB) sollen im B-Gutachten unter dem Gesichtspunkt der sachlichen Zuständigkeit des Gerichts angesprochen werden.[11]

---

8 Sachsen-Anhalt, S. 4; *LJPA Celle*, Nds. Vorbereitungsdienst, S. 91.
9 Vgl. *Kaiser/Bracker*, S. 87.
10 *LJPA Celle*, Nds. Vorbereitungsdienst, S. 93 und 95.
11 Sachsen-Anhalt, S. 4; *LJPA Celle*, Nds. Vorbereitungsdienst, S. 95.

6

Auch auf den Wertungsebenen **Rechtswidrigkeit** und **Schuld** sollten Sie sich in der Regel kurzfassen. Liegen Vorsatz, Rechtswidrigkeit und/oder Schuld unproblematisch vor, ist es in Niedersachsen und Sachsen-Anhalt sogar angeraten, den hinreichenden Tatverdacht direkt zu bejahen, ohne sein Vorliegen formelhaft festzustellen.[12] In anderen Bundesländern mag es ratsam sein, an der bewährten Struktur festzuhalten.

14

Auf die Schuldausschließungsgründe des § 20 StGB ist nur bei ernsthaften Zweifeln einzugehen. Während die Schuldfähigkeit bei Heranwachsenden und Erwachsenen bekanntlich kraft Gesetzes vermutet wird, dürfen Sie bei **Jugendlichen** nicht vergessen, die strafrechtliche Verantwortlichkeit gem. §§ 1, 3 JGG gesondert zu prüfen und ggf. positiv festzustellen.

15

Formulierungsbeispiel: *„Der Beschuldigte ist 15 Jahre alt und damit Jugendlicher gem. § 1 Abs. 2 JGG. Da ihm bewusst gewesen sein dürfte, dass er etwas Verbotenes tat und er die Widerstandsfähigkeit gegen den Anreiz der Tat hätte aufbringen können, besitzt er die gem. § 3 Satz 1 JGG erforderliche sittliche und geistige Reife und ist strafrechtlich verantwortlich.“*

E. Das besondere öffentliche Interesse

Straftaten werden prinzipiell von Amts wegen verfolgt (sog. Offizialmaxime). Bei den sog. Antragsdelikten wird dieser Grundsatz durchbrochen. Diese können grundsätzlich nur mit Willen des Berechtigten (in der Regel des Verletzten) verfolgt werden.

16

Während bei den sog. *absoluten* Strafantragsdelikten hiervon keine Ausnahme gemacht wird, können die sog. *relativen* Strafantragsdelikte trotz eines fehlenden Strafantrags bei Bejahung des *besonderen* **öffentlichen Interesses** an der Strafverfolgung gleichwohl verfolgt werden. In Nr. 234 und Nr. 235 Abs. 2 S. 1 RiStBV finden sich Anhaltspunkte dafür, wann im Fall der Körperverletzung das besondere öffentliche Interesse in der Regel zu bejahen ist, im Kontext einer Körperverletzung im Straßenverkehr zusätzlich in Nr. 243 Abs. 3 RiStBV.

Verwechseln Sie das besondere öffentliche Interesse nicht mit dem (nur) **öffentlichen Interesse** gem. § 376 StPO. Das besondere öffentliche Interesse *ersetzt* den fehlenden Strafverfolgungswillen des Verletzten (= kein Strafantrag) und ist Prozessvoraussetzung.[13] Die Überbrückung des fehlenden Strafverfolgungswillens des Verletzten soll nach Ansicht des Gesetzgebers nur bei Vorliegen der hohen Hürde des *besonderen* öffentlichen Interesses möglich sein. Anders ist die Situation bei der Beurteilung des öffentlichen Interesses im Kontext eines Privatklagedelikts: Dort wünscht der Verletzte die Strafverfolgung oder dessen Strafverfolgungswille ist wegen der Ausgestaltung als Offizialdelikt (§ 241 StGB) *ipso iure* unmaßgeblich. Die Staatsanwaltschaft ist nicht gezwungen einen (beachtlichen) fehlenden Strafverfolgungswillen zu überwinden, sodass sie das Verfahren schon bei Bejahung des einfachen öffentlichen Interesses (§ 376 StPO) an sich ziehen kann.

---

12 *LJPA Celle*, Nds. Vorbereitungsdienst, S. 93; Sachsen-Anhalt, S. 6.
13 Vgl. *Meyer-Goßner/Schmitt*, § 376 Rn. 3.

> ▶ **Merke:** Die Bejahung des besonderen öffentlichen Interesses *ersetzt* den Strafantrag und ist Strafverfolgungsvoraussetzung, während die Staatsanwaltschaft durch Bejahung des öffentlichen Interesses die Art und Weise der Strafverfolgung *modifiziert*, indem sie die Verfolgung der Straftat an sich zieht.[14]

Bei relativen Strafantragsdelikten ist das Vorliegen des Strafantrags bzw. des besonderen öffentlichen Interesses in den Bundesländern an unterschiedlichen Stellen zu prüfen. Teilweise ist es üblich – in Niedersachsen und Sachsen-Anhalt ausdrücklich empfohlen[15] –, dass beide Gesichtspunkte erst *nach* der Deliktsprüfung angesprochen werden.[16] Anderenorts, etwa im OLG-Bezirk Hamm, wird das (Nicht-)Vorliegen des Strafantrags demgegenüber *vor*, das besondere öffentliche Interesse *nach* der Deliktsprüfung erörtert. Fehlen der Strafantrag und offenkundig auch das besondere öffentliche Interesse an der Strafverfolgung, wird empfohlen, dies direkt nach dem Obersatz festzustellen und den hinreichenden Tatverdacht ohne Deliktsprüfung abzulehnen.[17] Schließlich wird es für richtig erachtet, diese Fragen im Prozessgutachten zu erörtern. Hier sollten Sie – wie stets – der örtlichen Übung Ihres OLG-Bezirks folgen.

17   Prüfungsrelevant sind in erster Linie diese relativen Antragsdelikte:

- Sachbeschädigung: § 303 i.V.m. **§ 303c StGB**
- (Fahrlässige) Körperverletzung: §§ 223, 229 i.V.m. **§ 230 StGB**
- Eigentums- und Vermögensdelikte: § 242 StGB, § 246 StGB, § 257 Abs. 4 S. 2 StGB, § 259 Abs. 2 StGB, § 263 Abs. 4 StGB, § 266 Abs. 2 StGB *jeweils* mit **§ 248a StGB**

F.   Konkurrenzen

18   Die Lehre von den Konkurrenzen erfordert die Beschäftigung mit dem materiellen Tatbegriff, also mit „Handlungen" i.S.d. §§ 52, 53 StGB. Bitte beachten Sie:

- Fragen der sog. Gesetzeskonkurrenz (Spezialität, Subsidiarität, Konsumtion) sprechen Sie sinnvollerweise nach jeder Deliktsprüfung an.
- Fragen betreffend Tateinheit bzw. -mehrheit gem. §§ 52, 53 StGB sollten Sie hingegen in der Regel erst am Ende des Gutachtens, ausnahmsweise am Ende eines jeden Handlungsabschnitts behandeln.[18]

---

14   Vgl. *Kuschnik*, JA 2010, 814, 816.
15   *LJPA Celle*, Nds. Vorbereitungsdienst, S. 92; Sachsen-Anhalt, S. 4 f.
16   Vgl. auch *Wolters/Gubitz*, Rn. 23.
17   Vgl. *Charchulla/Welzel*, Rn. 489.
18   So die Empfehlung des *LJPA Celle*, Nds. Vorbereitungsdienst, S. 93.

Übersicht: Prüfung des hinreichenden Tatverdachts

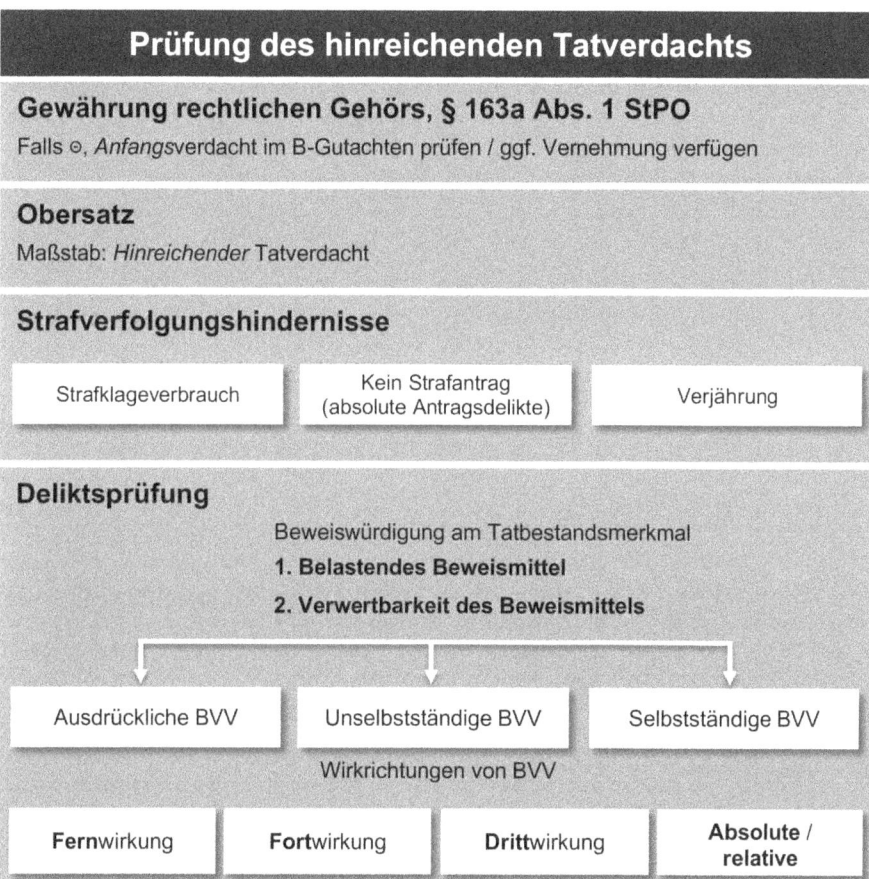

Prüfung des hinreichenden Tatverdachts

Gewährung rechtlichen Gehörs, § 163a Abs. 1 StPO
Falls ⊖, *Anfangs*verdacht im B-Gutachten prüfen / ggf. Vernehmung verfügen

Obersatz
Maßstab: *Hinreichender* Tatverdacht

Strafverfolgungshindernisse

| Strafklageverbrauch | Kein Strafantrag (absolute Antragsdelikte) | Verjährung |

Deliktsprüfung
Beweiswürdigung am Tatbestandsmerkmal
1. Belastendes Beweismittel
2. Verwertbarkeit des Beweismittels

| Ausdrückliche BVV | Unselbstständige BVV | Selbstständige BVV |

Wirkrichtungen von BVV

| **Fern**wirkung | **Fort**wirkung | **Dritt**wirkung | **Absolute / relative** |

3. Beweiswert

Besonderes öffentliches Interesse
- Liegt ein Strafantrag vor? Je nach Bundesland schon vor der Deliktsprüfung anzusprechen
- Falls ⊖: Prüfung des *besonderen* öffentlichen Interesses

(Gesetzes)Konkurrenzen

Sanktionen
Je nach Bundesland sind hier die insb. die Entziehung der Fahrerlaubnis (§§ 69, 69a StGB) und die Einziehung (§ 74 StGB) anzusprechen

9

G. Nebenfolgen

19   In Bundesländern wie NRW oder im GPA-Bereich sind am Ende des A-Gutachtens unter einem eigenständigen Gliederungspunkt „Strafe" bzw. „Nebenfolgen" die Voraussetzungen der Rechtsfolgen der Tat zu prüfen, auf die Sie in der Anklageschrift hinweisen müssen. Dazu gehören in erster Linie die Entziehung der Fahrerlaubnis (§§ 69, 69a StGB) und die Einziehung (§ 74 StGB). Damit zusammenhängende (prozessuale) Anträge wie §§ 111a und 111b ff. StPO prüfen Sie üblicherweise im B-Gutachten. In Niedersachsen und Sachsen-Anhalt wird demgegenüber ausdrücklich empfohlen, auch die Prüfung der §§ 69 ff. StGB (erst) im Prozessgutachten vorzunehmen.[19]

Zweiter Abschnitt

Klausurrelevante Strafverfolgungshindernisse

20   Bei den (klausurtypischen) Strafverfolgungshindernissen wird es wichtig sein, dass Sie das erforderliche Problembewusstsein entwickeln und die Auseinandersetzung mit den Prozesshindernissen als eigenständige Prüfungsleistung erkennen. Einzelheiten können Sie notfalls im Kommentar nachschlagen – das sollten Sie aber üben. Aus diesem Grund *benutzen* Sie idealerweise den *Fischer* bzw. *Meyer-Goßner/Schmitt* beim Durcharbeiten dieses Kapitels.

A. Strafklageverbrauch

21   Wurde über die Tat bereits rechtskräftig durch Sachurteil entschieden, gleichviel ob es zu einem Schuldspruch oder zu einem Freispruch kam,[20] tritt im Grundsatz **Strafklageverbrauch** ein: Niemand darf wegen derselben Tat auf Grund der allgemeinen Strafgesetze mehrmals bestraft werden (Art. 103 Abs. 3 GG).[21] In **persönlicher Hinsicht** wird die Strafklage gegen denjenigen verbraucht, gegen den sich das Verfahren tatsächlich gerichtet hat. Sollte der Beschuldigte unter falschem Namen aufgetreten sein, berührt dies die Wirksamkeit beispielsweise eines Sachurteils nicht.[22]

Der hinreichende Tatverdacht könnte in der Klausur also deshalb zu verneinen sein, weil das Delikt, das Sie verfolgen wollen, bereits Gegenstand einer – etwa im Bearbeitervermerk mitgeteilten – rechtskräftigen Entscheidung war, sodass die Strafklage bezogen auf „dieselbe" Tat verbraucht wäre.

Den Strafklageverbrauch in **sachlicher Hinsicht** prüfen Sie in drei Schritten:

---

19   *LJPA Celle*, Nds. Vorbereitungsdienst, S. 95; Sachsen-Anhalt, S. 8.
20   BGH NStZ-RR 2007, 179.
21   Zur Vertiefung: *Meyer-Goßner/Schmitt*, § 264 Rn. 1 ff.
22   *Meyer-Goßner/Schmitt*, Einl. Rn. 174.

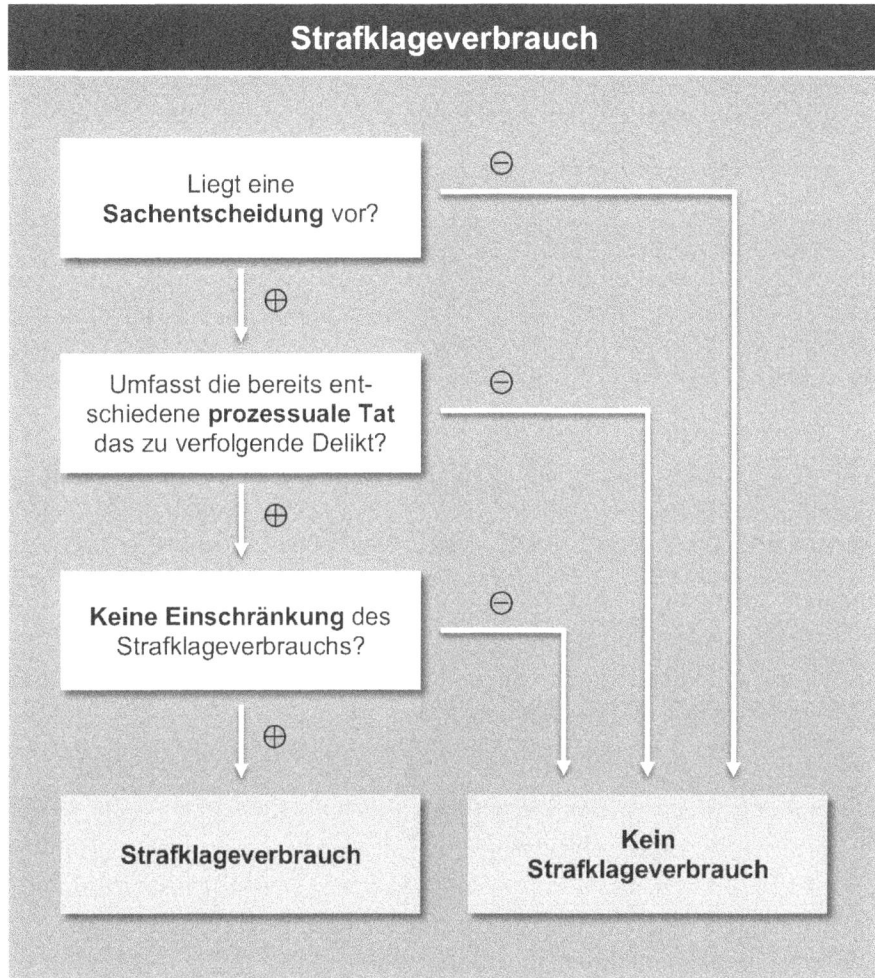

I.   Vorliegen einer Sachentscheidung

Nur Sachentscheidungen verbrauchen die Strafklage.[23] Sachentscheidungen sind bei-   **22**
spielsweise schuld- oder freisprechende Strafurteile und Strafbefehle (vgl. § 410
Abs. 3 StPO). Keine Sachentscheidung ist die Einstellungsverfügung nach § 170
Abs. 2 StPO, der Einstellungsbeschluss nach § 206a Abs. 1 StPO oder – wie es in
Examensklausuren bereits abgeprüft wurde – ein Verwerfungsurteil nach § 74 Abs. 2
OWiG (siehe dazu Rn. 30). Liegt der Klausurakte eine Einstellungsverfügung nach

---

23   *Meyer-Goßner/Schmitt*, Einl. Rn. 172 m.w.N.

§ 170 Abs. 2 StPO bei, kann diese Entscheidung folglich von vornherein keinen Strafklageverbrauch erzeugen. Auf die bisweilen schwierige Umgrenzung der prozessualen Tat kommt es in diesem Fall nicht mehr an.

II. Die prozessuale Tat

23 Weiter ist zu fragen, ob das zu verfolgende Delikt von der bereits rechtskräftig entschiedenen prozessualen Tat umfasst ist. Unter *Tat* ist **die prozessuale Tat** gem. §§ 155 Abs. 1, 264 Abs. 1 StPO zu verstehen. Anders als die Tat im materiellen Sinn, womit eine „Handlung" i.S.d. §§ 52, 53 StGB gemeint ist, ist die Tat im prozessualen Sinn ein **geschichtliches Vorkommnis, das das gesamte Verhalten des Täters umfasst, soweit es nach natürlicher Auffassung einen einheitlichen Lebensvorgang bildet.**[24]

Zur Frage, wann ein Geschehen als „einheitlich" bezeichnet werden kann, betont der BGH, dass zwischen den einzelnen Verhaltensweisen des Täters eine **innere Verknüpfung** dergestalt bestehen müsse, *„dass ihre getrennte Würdigung in verschiedenen Verfahren als unnatürliche Aufspaltung eines einheitlichen Lebensvorgangs empfunden würde."*[25] Maßgeblich sind Kriterien wie die Identität des *Geschehens* (Tatort, Tatzeit, Tatobjekt, Zielrichtung des Täterverhaltens, Taterfolg) sowie die Identität der *Personen*.[26]

24 Obwohl die *Tat im materiellen Sinn* von der *prozessualen Tat* streng zu unterscheiden ist, können die folgenden Grundsätze aufgestellt werden:

- Eine Handlung gem. § 52 StGB bildet in der Regel auch **eine Tat im prozessualen Sinn**.
- Umgekehrt folgen aus mehreren Handlungen gem. § 53 StGB in der Regel auch **mehrere Taten im prozessualen Sinn**.

Eine prozessuale Tat ist bei mehreren Handlungen gem. § 53 StGB nach BGH hingegen anzunehmen,

„wenn die einzelnen Handlungen nicht nur äußerlich ineinander übergehen, sondern wegen der ihnen zu Grunde liegenden Vorkommnisse unter Berücksichtigung ihrer strafrechtlichen Bedeutung auch innerlich derart miteinander verknüpft sind, dass der Unrechts- und Schuldgehalt der einen Handlung nicht ohne die Umstände, die zu der anderen Handlung geführt haben, richtig gewürdigt werden kann und ihre getrennte Würdigung und Aburteilung als unnatürliche Aufspaltung eines einheitlichen Lebensvorgangs empfunden würde."[27]

25 Obwohl materiell-rechtlich Tatmehrheit vorliegt, kann in Anwendung der Rechtsprechung des BGH folglich von nur einer prozessualen Tat auszugehen sein.

---

24 Vgl. BGHSt 35, 60, 62; *Meyer-Goßner/Schmitt*, § 264 Rn. 2.
25 BGHSt 41, 385, 388.
26 Siehe zuletzt BGH NStZ 2020, 46.
27 BGH NStZ 2009, 705.

Beispiele:

(1) Der Beschuldigte hat während der Trunkenheitsfahrt (fahrlässig, § 316 Abs. 2 StGB) einen Unfall verursacht und beschließt, den Unfallort zu verlassen (§ 142 StGB und erneut – nun vorsätzlich – § 316 Abs. 1 StGB). Hier soll nach BGHSt 25, 72 durch den Unfall eine Zäsur erfolgt sein, sodass jede weitere Straftat hierzu tatmehrheitlich verwirklicht wird. Dennoch besteht nur eine Tat im prozessualen Sinn.

(2) Gleiches gilt in den Fällen, in denen der Beschuldigte das eigene Haus in Brand gesetzt hat, um die Versicherungssumme zu kassieren. Hier stehen die Brandstiftungsdelikte in Tatmehrheit zum späteren Betrug gegenüber und zu Lasten der Versicherung, gleichwohl handelt es sich um eine prozessuale Tat.[28]

III. Einschränkungen des Strafklageverbrauchs

Obwohl das zu prüfende Delikt Gegenstand derselben prozessualen Tat ist, über die mit Rechtskraft entschieden wurde, kann das Delikt verfolgt werden, wenn der Strafklageverbrauch eingeschränkt ist und das Delikt die Voraussetzung der weiteren Verfolgbarkeit erfüllt. Fallgruppen, die in Examensklausuren abgeprüft werden können: **26**

1. Nach Einstellung des Verfahrens, §§ 153 ff. StPO

Hat die Staatsanwaltschaft das Verfahren nach § 153a Abs. 1 StPO endgültig eingestellt, kann die prozessuale Tat nur noch wegen eines **Verbrechens** verfolgt werden, § 153a Abs. 1 S. 5 StPO. Gleiches gilt für den Einstellungsbeschluss des Gerichts gem. § 153a Abs. 2 S. 2 StPO. **27**

Für die Einstellung wegen Geringfügigkeit gem. § 153 StPO sieht das Gesetz keinen Strafklageverbrauch vor. Erfolgt die Einstellung aber durch Beschluss des Gerichts gem. § 153 Abs. 2 StPO, ist aber § 153a Abs. 1 S. 5 StPO analog anzuwenden. Denn dann hat ein Gericht den Sachverhalt umfassend geprüft, sodass der Beschuldigte bei Einstellung ohne Auflage nicht schlechter stehen soll als bei Einstellung mit Auflage gem. § 153a Abs. 1 StPO.[29]

2. Nach Verurteilung durch Strafbefehl

Ist der Beschuldigte in einem anderen Strafverfahren durch rechtskräftigen Strafbefehl verurteilt (§ 410 Abs. 3 StPO) worden, kann dieselbe prozessuale Tat nur noch unter den Voraussetzungen des **§ 373a StPO** verfolgt werden.[30] Bekanntlich kann ein Strafbefehl ausschließlich bei Vergehen erlassen werden, vgl. § 407 Abs. 1 S. 1 StPO. Konsequenterweise eröffnet § 373a StPO die Möglichkeit, die Tat **28**

(1.) wegen eines **Verbrechens** weiter zu verfolgen, sofern

(2.) neue Beweismittel oder Tatsachen beigebracht worden sind.

---

28 Vgl. BGH NStZ 2006, 350 f.
29 BGH NJW 2004, 375 ff.
30 Zum Strafbefehlsverfahren in der mündlichen Prüfung des Assessorexamens (insb. im Aktenvortrag), siehe *Dinter/David*, JA 2012, 281 ff.

Aber beachten Sie: § 373a StPO bildet keinen Fall der Rechtskraft*beschränkung*, sondern der **Rechtskraft*durchbrechung***. Das bedeutet, dass die Staatsanwaltschaft das Wiederaufnahmeverfahren zuungunsten des Beschuldigten aus der Akte des abgeschlossenen Verfahrens heraus betreiben wird. Die Tat wird nach erfolgreicher Zulässigkeitsprüfung (sog. Additionsverfahren) in zumeist neuer Hauptverhandlung (sog. Probationsverfahren) unter dem alten Aktenzeichen weiterverfolgt werden. In der Klausursituation dürfte Ihnen indes ein neues Verfahren in neuer Akte (neues Js-Aktenzeichen!) vorliegen. In diesem Verfahren dürfen Sie das Delikt folglich nicht (erneut) anklagen, sondern müssen die Voraussetzungen des Wiederaufnahmeverfahrens (§ 373a Abs. 2 i.V.m. §§ 359 ff. StPO) – je nach Bundesland: im B-Gutachten – prüfen.

Beispiel: Der Beschuldigte hat sich wegen eines Straßenverkehrsdelikts am 25.07.2020 hinreichend verdächtig gemacht. Zugleich ergeben die Ermittlungen aus der Akte, dass er sich am 23.12.2019 wegen Raubes hinreichend verdächtig gemacht hat. Hinsichtlich dieser Tat wurde der Beschuldigte bereits wegen Diebstahls im Wege eines rechtskräftigen Strafbefehls (Az. 21 Js 532/19) verurteilt.

In der Klausur klagen Sie das Straßenverkehrsdelikt an. Hinsichtlich des Raubverdachts prüfen Sie die Voraussetzungen eines Antrages auf Wiederaufnahme des Verfahrens, der in der anderen Verfahrensakte (Az. 21 Js 532/19) zu stellen wäre. Im Bearbeitervermerk findet sich zur Prüfungserleichterung häufig der Hinweis, dass der Prüfling im Fall eines *„weiteren Antrags an ein Gericht, der nicht den Abschluss dieses Verfahrens betrifft"*, den Antrag lediglich zu benennen, nicht aber zu formulieren braucht (nochmal: im B-Gutachten!):

„In dem abgeschlossenen Strafverfahren mit dem Aktenzeichen 21 Js 532/19 ist ein Antrag auf Anordnung der Wiederaufnahme des Verfahrens zuungunsten des Beschuldigten zu stellen. Es liegen – wie dargelegt – die Voraussetzungen der Wiederaufnahme des Verfahrens gem. §§ 373a Abs. 1, 2 StPO i.V.m. §§ 359 ff. StPO vor."

3. Nach Nichteröffnung des Hauptverfahrens

29 Wurde der Erlass des Strafbefehls durch Beschluss abgelehnt (§ 408 Abs. 2 S. 1 StPO) oder hat das Gericht nach Anklageerhebung das Hauptverfahren durch Beschluss nicht eröffnet (sog. **Nichteröffnungsbeschluss**, § 204 StPO), und ergibt sich aus der Klausurakte, dass die Staatsanwaltschaft es versäumt hat, innerhalb einer Frist von einer Woche (§ 311 Abs. 2 StPO) nach Zustellung dagegen *sofortige Beschwerde* einzulegen (§ 408 Abs. 2 S. 2 i.V.m. § 210 Abs. 2 StPO), gilt: Nach Ablauf der einwöchigen Beschwerdefrist erwächst der Ablehnungs- bzw. Nichteröffnungsbeschluss in formelle und teilweise materielle Rechtskraft. Als Staatsanwalt können Sie die vom abgelehnten Strafbefehl erfasste prozessuale Tat nur noch auf Grund **neuer Tatsachen** oder **Beweismittel** („sachliche Nova") verfolgen, siehe § 211 StPO. Liegen die Voraussetzungen vor, ist eine **neue** Anklage zu erheben.[31]

---

31 *Meyer-Goßner/Schmitt*, § 211 Rn. 5.

4. Nach Verurteilung wegen einer Ordnungswidrigkeit

In der Klausur kann auch das Ordnungswidrigkeitenrecht relevant werden. Hat bei- **30** spielsweise das Amtsgericht nach Einspruchseinlegung gegen den Bußgeldbescheid über eine Ordnungswidrigkeit des *Betroffenen*[32] entschieden (Urteil bzw. Beschluss gem. § 72 OWiG lägen der Klausurakte bei), sollte Ihnen die Regelung des § **84 OWiG** bekannt sein. Gem. § 84 Abs. 2 S. 1 OWiG kann die prozessuale Tat weder als Ordnungswidrigkeit noch als Straftat verfolgt werden. Aber **Achtung**: Rechtskraft wird – wie bereits erläutert – nur erzeugt, wenn das Gericht *in der Sache* geurteilt hat (Sachurteil), sodass Einstellungsentscheidungen des Amtsgerichts z.B. wegen fehlender Prozessvoraussetzungen die Strafklage gem. § 84 Abs. 2 OWiG nicht verbrauchen (Prozessurteil).[33] So liegt es, wenn der Betroffene in der Hauptverhandlung unentschuldigt fehlt und das Gericht infolgedessen den Einspruch gem. § 74 Abs. 2 OWiG durch Urteil verwirft.

> **Für Nutzer des Onlinekurses:** Das Thema wird im Kursfall „Sachentscheidung" behandelt.

Die Rechtskraft des Urteils kann durch die Wiederaufnahmegründe, insbesondere bei Vorliegen eines Verbrechens (§ 85 Abs. 3 S. 2 OWiG), durchbrochen werden. Bedenken Sie, dass Sie in einem solchen Fall das Wiederaufnahmeverfahren anstrengen müssen und nicht (erneut) Anklage erheben dürfen.

B. Strafantrag bei absoluten Strafantragsdelikten

> **Für Nutzer des Onlinekurses:** Das Thema wird im Kursfall „Strafantrag" behandelt. **31**

Der praktische Umgang mit Antragsdelikten wird in Klausuren bisweilen gezielt abgeprüft, weshalb Sie in Klausurakten absolute Strafantragsdelikte wie die Beleidigung oder den Hausfriedensbruch – zum Teil erkennbar umständlich eingebaut – finden.[34]

Verbreitet wird zwischen den sog. **absoluten** und den sog. **relativen Antragsdelik- 32 ten** unterschieden (zum Unterschied siehe Rn. 16). Gemeinsam ist beiden, dass sie in der Regel auch Privatklagedelikte darstellen, was für den § 376 StPO-Filter (siehe Rn. 115) im B-Gutachten bedeutsam ist. Aufbautechnisch ist zwischen den Antragsdelikten aber zu unterscheiden. Das Strafantragserfordernis bei absoluten Strafantragsdelikten sollte stets *vor* der Deliktsprüfung angesprochen werden.[35] Der Prüfungsstandort von relativen Antragsdelikten ist demgegenüber streitig (siehe Rn. 16).

---

32 Bezeichnung des Beschuldigten im Ordnungswidrigkeitenverfahren, vgl. § 66 OWiG.
33 OWiG/*Bohnert/Krenberger/Krumm*, § 84 Rn. 10 f.
34 Das Prüfungsschema „Strafantrag" finden Sie zum kostenlosen Download auf www.assrep.de.
35 So für Niedersachsen (*LJPA Celle*, Nds. Vorbereitungsdienst, S. 92) und Berlin (Online-Skript, S. 10) ausdrücklich.

33 Unter einem **Strafantrag** ist der unbedingte Wille des Verletzten zu verstehen, dass die Strafverfolgung eingeleitet werden soll.[36] Davon zu unterscheiden ist die **Strafanzeige**, die lediglich die Mitteilung eines Lebenssachverhalts darstellt und von jedermann gestellt werden kann.[37]

34 Die Abgrenzung zwischen Strafanzeige und Strafantrag kann auch in der Klausur bedeutsam werden, etwa dann, wenn Sie in der Klausurakte einen polizeilichen Vordruck mit der Überschrift „Strafanzeige" finden, der vom Verletzten unterschrieben wurde. Es ist durch Auslegung der wahre Wille des Verletzten zu ermitteln: Verlangt er die Einleitung der Strafverfolgung?[38] Lassen Sie sich nicht von fälschlich gebrauchten Begriffen irritieren. In der Regel wird man darauf schließen dürfen, dass in der „Strafanzeige" des Verletzten zugleich ein „Strafantrag" enthalten ist, da dieser die Einleitung von Strafverfolgungsmaßnahmen begehrt. Dafür spricht auch, dass der Verletzte die „Strafanzeige" unterschrieben hat und damit das Formerfordernis eines Strafantrags erfüllt.

35 **Antragsberechtigt ist im Grundsatz der Verletzte** (zu den sonstigen Berechtigten siehe §§ 77 Abs. 1-4, 77a StGB). Er ist der Inhaber des Rechtsguts, das beeinträchtigt wurde. Die Verletzteneigenschaft kann in der Klausur zu problematisieren sein.

Beispiel (KG, Beschluss vom 3. August 2015 – (2) 161 Ss 160/15 (44/15)): B wollte sich bei den Berliner Verkehrsbetrieben beschweren. Er suchte hierzu das auf dem Gelände des Bahnsteigs befindliche Aufsichtshäuschen auf. In dem Häuschen hielten sich zwei S-Bahn-Mitarbeiter auf. B versuchte sich gegen deren Willen Zugang zu verschaffen, was ihm teilweise gelang. Der alarmierte Sicherheitsdienst konnte B aus dem Aufsichtshäuschen herausziehen. Der Leiter des Bahnhofsmanagements der *DB Station & Service AG*, die das Aufsichtsgebäude der *S-Bahn Berlin GmbH* vermietet hatte, stellte gegen den Angeklagten form- und fristgerecht Strafantrag wegen Hausfriedensbruchs.

Ist der Strafantrag wirksam?

KG (a.a.O.): „*Gemäß § 123 Abs. 2 StGB wird die Tat des Hausfriedensbruchs nur auf Antrag verfolgt. Antragsberechtigt ist gemäß § 77 Abs. 1 StGB der Verletzte der Straftat, im Falle des § 123 Abs. 1 StGB der Inhaber des durch den Hausfriedensbruch verletzten Hausrechts (...). Die DB Station & Service AG war im Tatzeitpunkt nicht Inhaberin des Hausrechts. Mit Abschluss des Mietvertrages hat sie das Hausrecht an die Mieterin – die S-Bahn Berlin GmbH – übertragen. Letztere hat keinen Strafantrag gestellt. Bei privaten Räumen ist Inhaber des Hausrechts stets der unmittelbare Besitzer, der nicht der Eigentümer zu sein braucht, solange er die Sachherrschaft rechtmäßig begründet hat (...). Bei vermieteten Räumen steht das Hausrecht grundsätzlich allein dem Mieter zu, und zwar auch gegenüber dem Vermieter (...). Er und nicht der Vermieter ist es, der andere vom Betreten der genannten Räumlichkeiten ausschließen kann. Der Vermieter darf ohne Erlaubnis des Mieters die vermieteten Räume grundsätzlich weder selbst betreten noch ist er befugt, anderen wirksam den Zutritt zu gestatten oder zu versagen. Umgekehrt steht es dem Mieter zu, einer anderen Person den Zutritt zu den gemieteten Räumen zu erlauben, und zwar auch gegen den Willen des Vermieters. Einschränkungen hinsichtlich der Alleinzuständigkeit des Mieters sind nur in Ausnahmefällen denkbar. So soll der Vermieter bei größeren Miethäusern hinsichtlich der Gemeinschaftseinrichtungen (Treppenhaus, Aufzüge und Flure) in der Regel jedenfalls eine Mitberechtigung behalten (...). Nach die-*

---

36 *Meyer-Goßner/Schmitt*, § 158 Rn. 4.
37 *Meyer-Goßner/Schmitt*, § 158 Rn. 2.
38 Siehe z.B. BGH NStZ 1995, 353.

sen Grundsätzen stand das Hausrecht an den gemieteten Räumen des Aufsichtsgebäudes allein der S-Bahn Berlin GmbH zu."

Der Strafantrag kann gem. § 158 Abs. 2 StPO schriftlich oder – bei Gericht oder der Staatsanwaltschaft (diese müssen *nicht* sachlich zuständig sein) – zu Protokoll angebracht werden, der Verletzte muss im Fall der Schriftlichkeit den Antrag also *eigenhändig unterschreiben*. Daraus folgt, dass der polizeiliche Vermerk über einen nur **telefonisch** gestellten Strafantrag mangels eigenhändiger Unterschrift formunwirksam ist.

Leicht zu übersehen ist es, wenn der Verletzte auf das Stellen eines Strafantrages z.B. gegenüber der Polizei **verzichtet** hat. Liegt ein solcher Verzicht vor, kann dieser nicht mehr zurückgenommen werden,[39] wenn er – wichtig! – gegenüber dem Gericht oder den in § 158 Abs. 1 StPO genannten Stellen (z.B. Staatsanwaltschaft oder Polizei) erklärt wurde. Gleiches gilt, wenn der Verletzte einen bereits eingelegten Strafantrag **zurücknimmt**. Gem. § 77d Abs. 1 S. 3 StGB kann kein neuer Strafantrag gestellt werden.

Schließlich sollten Sie wissen, dass der Verletzte (beachte im Fall seines Todes § 77b Abs. 4 StGB) den Strafantrag innerhalb einer **Dreimonatsfrist** stellen muss (§ 77b StGB). Auch hier lauern Problemstellungen. Beispielsweise ist die Berechnung der absoluten *Ausschluss*frist gem. § 77b StGB klausurrelevant. Ausschlussfrist bedeutet, dass die Frist (fernab der Regelung des § 77c StGB) weder verkürzt noch verlängert werden kann; auch ist die Wiedereinsetzung in den vorigen Stand (§§ 44 f. StPO) ausgeschlossen.[40] In § 77b Abs. 2 StGB wird der Beginn der Frist von der Kenntnis des Berechtigten von der Tat *und* der Person des Täters abhängig gemacht. In einem Examensfall war das deshalb problematisch, weil der Verletzte erst fünf Monate nach der Tat Kenntnis vom Namen des Beschuldigten erhielt und dann Strafantrag stellte. Für die Kenntnis gem. § 77b StGB ist es aber gerade nicht erforderlich, dass der Berechtigte den Namen des Täters kennt. Es ist ausreichend, dass er Angaben zur Person des Täters tätigen kann, die ihn **individualisierbar** machen.[41] Im Examensfall hätte der Verletzte den Täter direkt nach der Tat individualisieren können, sodass die Frist mit Ablauf des Tattages begann; sein erst fünf Monate später gestellter Strafantrag war verfristet. **36**

Hat der Verletzte bzw. sonstige Berechtigte eines absoluten Strafantragsdelikts keinen Strafantrag gestellt, liegt ein Strafverfolgungshindernis vor. Der hinreichende Tatverdacht ist aus Rechtsgründen zu verneinen. Für die Klausur bedeutet das, dass Sie nur einen Satz zu schreiben brauchen. **37**

Formulierungsbeispiel: „Mangels eines durch den Verletzten Johannes Oesterling wirksam gestellten, gem. § 194 Abs. 1 S. 1 StGB aber erforderlichen Strafantrags, besteht kein hinreichender Tatverdacht gem. § 185 StGB."

Sofern dies in Ihrem Bundesland zulässig ist, markieren Sie sich im Gesetz die absoluten Strafantragsdelikte. Klausurrelevant sind z.B.:

---

39   *Fischer*, § 77 Rn. 30.
40   KK-StPO/*Griesbaum*, § 158 Rn. 37.
41   *Fischer*, § 77b Rn. 5.

- Hausfriedensbruch, § 123 Abs. 2 StGB
- Beleidigungsdelikte, §§ 185, 186, 187 StGB (dort § 194 Abs. 1 S. 1 StGB)
- Haus- und Familiendiebstahl, § 247 StGB (gilt auch bei Betrug, § 263 Abs. 4 StGB!)
- Unbefugter Gebrauch eines Fahrzeugs, § 248b Abs. 3 StGB
- Vereiteln der Zwangsvollstreckung, § 288 Abs. 2 StGB
- Pfandkehr, § 289 Abs. 3 StGB
- Vollrausch, § 323a Abs. 3 StGB
- Jagdwilderei, § 294 StGB

C. Verjährung

38 **Für Nutzer des Onlinekurses:** Das Thema wird im Kursfall „Verjährung" behandelt.

Aus Gründen der Rechtssicherheit und zur Herstellung von Rechtsfrieden können Straftaten – mit Ausnahme von Mord (§ 78 Abs. 2 StGB) – verjähren, sog. *Verfolgungs*verjährung gem. §§ 78 f. StGB. Davon zu unterscheiden ist die *Vollstreckungs*verjährung gem. § 79 StGB, die nicht klausurrelevant ist. Abhängig vom Unrechtsgehalt der Straftat sind die Verjährungsfristen unterschiedlich lang ausgestaltet und richten sich nach der Strafandrohung der betreffenden Strafvorschrift, § 78 Abs. 3 StGB. Strafschärfungen oder Strafmilderungen sind dabei (wie übrigens auch bei der Kategorisierung von Vergehen und Verbrechen, § 12 Abs. 3 StGB) ohne Bedeutung, § 78 Abs. 4 StGB.

39 Für das fragliche Delikt prüfen Sie zunächst die **Dauer der Verjährungsfrist** gem. § 78 Abs. 3 StGB. Im Anschluss müssen Sie den **Beginn der Verjährung** feststellen Gem. § 78a StGB beginnt sie mit der Beendigung der Tat. Schließlich prüfen Sie, ob die Verjährungsfrist gem. § 78b StGB **ruhte** oder gem. § 78c StGB **unterbrochen** war.

Beispiel: Der Beschuldigte hat am 1. März 2015 gegenüber seiner Versicherung wahrheitswidrig behauptet, dass sein versichertes Fahrrad gestohlen worden sei. Am 1. April 2015 überweist die Versicherung daraufhin die Schadenssumme. Erst am 1. April 2020 wird der Sachverhalt ausermittelt. Verjährung?

Lösung: Gem. § 263 Abs. 1 StGB wird für Betrug eine Freiheitsstrafe von bis zu 5 Jahren Freiheitsstrafe angedroht. Deshalb beträgt die **Verjährungsfrist** gem. § 78 Abs. 3 Nr. 4 StGB 5 Jahre. Die Verjährungsfrist beginnt gem. § 78a StGB mit Beendigung der Tat. Der Betrug ist beendet mit der letzten Erlangung eines vom Vorsatz erfassten Vermögensvorteils,[42] das ist hier der 1. April 2015. Bei der Berechnung des Verjährungsbeginns ist der Tag, auf den das fristauslösende Ereignis fällt, miteinzubeziehen.[43] Dies bedeutet, dass die Verjährungsfrist mit dem Ablauf des Tages endet, der nach seiner Bezeichnung dem Anfangstag vorangeht.[44] In un-

---

42 *Fischer*, § 78a Rn. 8a.
43 BGH StV 2011, 483.
44 *Fischer*, § 78a Rn. 6. Die Verjährungsfrist berechnet sich **nicht** nach § 43 StPO bzw. §§ 187 ff. BGB. Nach BGH soll nämlich – anders als bei den genannten Vorschriften – bereits der Tag des Fristbeginns bei der Verjährungsfrist Berücksichtigung finden, was deshalb zugunsten des Täters wirkt, weil die Verjährungsfrist so um einen Tag kürzer ist.

serem Beispiel ist das der 31. März 2020. Der Betrug kann ab dem 1. April 2020 wegen Eintritts der Verjährung nicht mehr verfolgt werden.

Anders läge es im Beispiel, wenn die Verjährungsfrist gem. § 78c StGB **unterbro-** **40** **chen** worden wäre. Die Rechtsfolge der Unterbrechung ist in § 78c Abs. 3 S. 1 StGB geregelt: Die Verjährung beginnt grundsätzlich von Neuem. Klausurrelevant ist beispielsweise die Unterbrechungshandlung gem. § 78c Abs. 1 Nr. 1 StGB. Hätte im Beispiel die zuständige Staatsanwaltschaft die erste Vernehmung des A am 15. März 2020 angeordnet (auf die tatsächliche Durchführung kommt es nicht an)[45], wäre dies gem. § 78c Abs. 1 Nr. 1 3. Var. StGB eine taugliche Unterbrechungshandlung gewesen, sodass am selben Tag die Verjährung des Betruges – in den Grenzen der **absoluten Verjährung** gem. § 78c Abs. 3 S. 2 StGB (= das Doppelte der gesetzlichen Verjährungsfrist; hier 10 Jahre) – erneut begonnen hätte.

Erwähnenswert ist bei **§ 78c Abs. 1 Nr. 1 StGB**, dass die Unterbrechungshandlungen der Anordnung, Bekanntgabe und Vernehmung **als Einheit zu betrachten** sind, mit der Folge, dass die Verjährungsfrist durch sie nur einmalig unterbrochen wird. Wurde also die Vernehmung von der Staatsanwaltschaft angeordnet, wird die Verjährungsfrist nicht nochmals durch die später erfolgende Vernehmung unterbrochen.

Sollte einmal aus tatsächlichen Gründen unklar bleiben, ob Verjährung eingetreten ist **41** (z.B. es bleibt offen, ob der Beschuldigte die Versicherungssumme am 1. oder am 5. April 2015 erlangt hat), gilt der Grundsatz *in dubio pro reo* ausnahmsweise auch für die Strafverfolgungsvoraussetzung der Verjährung.[46]

Dritter Abschnitt

Beweiswürdigung

Bei der Würdigung vorhandener Beweismittel ist es Ihre Aufgabe, überzeugend zu **42** begründen, ob sie zur Annahme des hinreichenden Tatverdachts ausreichend und verwertbar sind. Die Beweiswürdigung ist in nahezu jeder Staatsanwaltsklausur erforderlich. Ihre Beherrschung ist aus diesem Grund von großer Wichtigkeit.[47]

Beachten Sie die unterschiedliche **Verortung der Beweiswürdigung** in den Bundesländern:

In **Bayern**, **Baden-Württemberg** oder auch **Sachsen** ist es üblich, Aspekte der Beweiswürdigung je nach Aufgabenstellung gesondert im Hilfsgutachten oder in der Anklageschrift („Wesentliches Ergebnis der Ermittlungen") anzusprechen. Dort wird empfohlen, zunächst den ermittelten Sachverhalt („die Geschichte")[48] auf seine straf-

---

45 Vgl. *Fischer*, § 78c Rn. 10.
46 BGHSt 18, 274; *Fischer*, § 78a Rn. 6.
47 Beispielsweise ist für das LJPA Sachsen-Anhalt „*die verständige Würdigung der sich ergebenden Beweismittel (...) eine der wichtigsten Leistungen im A-Gutachten*", Sachsen-Anhalt, S. 2.
48 *Weitner/Schuster*, JA 2014, 295, 298.

rechtliche Relevanz und seine Verfolgbarkeit zu überprüfen und *erst dann* zu erörtern, inwieweit die Straftaten auch nachweisbar sein werden.[49]

Prüfungsreihenfolge (im WE bzw. Hilfsgutachten) in Süddeutschland:

1. *Strafbarkeit* des ermittelten Sachverhalts
2. *Verfolgbarkeit* der Straftat
3. *Nachweisbarkeit* der Straftat (= Beweiswürdigung)

In den **mittel- und norddeutschen Bundesländern** wird es demgegenüber als korrekt angesehen, die Beweiswürdigung im A-Gutachten **am jeweils fraglichen Tatbestandsmerkmal** durchzuführen.[50] Ist beispielsweise zu prüfen, ob der Beschuldigte das Mobiltelefon des Zeugen B in seine Jackentasche gesteckt hat, ist die Beweiswürdigung im Kontext des § 242 StGB am Merkmal „Wegnahme" unter dem Gesichtspunkt der „Begründung neuen Gewahrsams" vorzunehmen. Verfehlt sind Formulierungen wie *„fraglich ist, ob der Beschuldigte Täter ist"*, da undeutlich bliebe, welches Tatbestandsmerkmal überhaupt geprüft wird.

Prüfungsreihenfolge (im A-Gutachten) in Norddeutschland:

1. *Verfolgbarkeit* der Straftat
2. *Strafbarkeit* des ermittelten und *nachweisbaren* Sachverhalts

▸ **Merke:** Die Prüfung der Nachweisbarkeit erfolgt am jeweiligen Tatbestandsmerkmal. Vermeiden Sie hier unbedingt eine Beweiswürdigung im „luftleeren Raum".

Eine gute Beweiswürdigung besticht durch die Verwendung des **üblichen Vokabulars**:

43 Der **Beschuldigte** kann sich gegenüber der Staatsanwaltschaft oder Polizei (ggf. *geständig*) *einlassen* (geständige Einlassung), gegenüber einem Richter *gesteht* er hingegen (Geständnis).[51] Ferner kann er Tatsachen *einräumen, vorgeben* oder *bestreiten*.

Sollte der Beschuldigte bezüglich einer Straftat glaubhaft gestehen bzw. sich geständig einlassen, ist es ratsam (und in Niedersachen empfohlen)[52], nur einen Satz zu schreiben:

Formulierungsbeispiel: „Indem der Beschuldigte A, wie er glaubhaft einräumt, den Strafantrag stellenden Zeugen B als „faule Sau" bezeichnet hat, ist er der Beleidigung gem. § 185 StGB hinreichend verdächtig."

44 Der **Zeuge** hingegen hat *ausgesagt*, hat *geschildert* oder hat *bekundet*.[53]

Aussagen können *glaubhaft* sein, etwa weil sie *detailreich, widerspruchsfrei* und *in sich plausibel* und *geschlossen* sind oder durch andere Beweismittel *gestützt* bzw. *be-*

---

49 *Weitner/Schuster*, JA 2014, 295, 298.
50 Sachsen-Anhalt, S. 5; *LJPA Celle*, Nds. Vorbereitungsdienst, S. 92.
51 Zur Unterscheidung von Geständnis und geständiger Einlassung kritisch *Wolters/Gubitz*, Rn. 199 (dort Fn. 363).
52 *LJPA Celle*, Nds. Vorbereitungsdienst, S. 92.
53 Vgl. *Rieso*, S. 36.

stätigt werden. Umgekehrt können *gewichtige Zweifel an der Richtigkeit der Aussage* bestehen, etwa weil sich beim Zeugen anscheinend *objektiv Erlebtes mit subjektiv Aufgearbeitetem vermischt* hat. Oder weil der Zeuge nur *lückenhafte Erinnerungen im Kerngeschehen* hat bzw. *Details des tatsächlichen Geschehensablaufs* nicht kannte. Dadurch können Aussagen *widerlegt* sein bzw. andere Beweismittel *entgegenstehen*.[54]

Zeugen können *glaubwürdig* sein, etwa weil sie keine *einseitige Belastungstendenz* oder ein *wahrheitsverzerrendes Eigeninteresse* aufweisen. In der Klausursituation werden Sie jedoch zur Glaubwürdigkeit aufgrund fehlender Wahrnehmung des Zeugen in aller Regel nichts Wesentliches schreiben können.

Bitte beachten Sie ferner die **Regeln der deutschen Grammatik**, auf die Praktiker **45** besonderen Wert legen: Wollen Sie eine Aussage bzw. Einlassung wiedergeben, muss dies grundsätzlich im Modus des *Konjunktiv I* geschehen. Richtig: *„Die Zeugin Melanie Shifferaw hat ausgesagt, sie habe den Beschuldigten in der Bahnhofsgasse Alkohol trinken sehen."* Da die Aussagen von Beschuldigten bzw. Zeugen Gegenstand aktueller Prozessgeschichte sind, sollten sie im *Perfekt* und nicht im Imperfekt stehen.[55] Richtig: *„Der Zeuge Diebel hat ausgesagt (nicht: sagte aus), er habe den Beschuldigten im Parkhaus gesehen."*

Bei der Prüfung des **subjektiven Tatbestands** kann gelegentlich eine feststellende **46** Formulierung ausreichend sein, zumal dann, wenn der Beweis auf objektiver Tatbestandsseite umfangreich gewürdigt worden ist und sich das Vorliegen des Vorsatzes aus dem objektiven Geschehen ergibt.

Formulierungsbeispiel: „Aus den genannten objektiven Indizien dürfte sich auch der Vorsatz des Beschuldigten rückschließen lassen."

Auch ansonsten werden Sie den Vorsatz häufig aus den objektiven Umständen ableiten müssen. Das wirft insbesondere beim **Tötungsvorsatz** Probleme auf. Bitte lesen Sie die Entscheidung *BGH NJW 2012, 1524 ff.*, in der der Aussagegehalt der sog. „Hemmschwellentheorie" darauf beschränkt wird, die Annahme des (bedingten) Tötungsvorsatzes gem. § 261 StPO einer besonders strengen Würdigung zu unterziehen.[56]

Im Einzelnen vollzieht sich die Beweiswürdigung in drei Gedankenschritten: **47**

1. Liegt ein belastendes **Beweismittel** vor?
2. Ist das Beweismittel **verwertbar**?
3. Welchen **Beweiswert** hat das Beweismittel?

---

54 Vgl. *Emde*, JuS 1996, 442, 443.
55 *Rieso*, S. 36.
56 Siehe auch *Fischer*, § 212 Rn. 16a.

A. Belastendes Beweismittel

48 Tatsachen, die Schuld- oder Straffragen betreffen, insbesondere Tatbestandsmerkmale, dürfen nur durch die sog. **Strengbeweismittel** bewiesen werden. Tatsachen können bekanntlich durch den Hauptbeweis und bei einem sog. *Beweis- bzw. Indizienring*[57] auch durch Indizien bewiesen sein. Zu den Strengbeweismitteln gehören:

> Sachverständiger, Augenschein, Urkunde, Zeuge.

49 Kein *Streng*beweismittel (denn die Vernehmung des Angeklagten findet ausweislich des § 244 StPO *vor* der Beweisaufnahme statt), aber gleichwohl eine wichtige strafprozessuale Erkenntnisquelle ist die

> Einlassung des Beschuldigten.

50 Bedenken Sie: Gemäß § 160 Abs. 2 StPO hat die Staatsanwaltschaft nicht nur die zur *Belastung*, sondern auch die zur *Entlastung* dienenden Umstände zu ermitteln. Eine verständige Beweiswürdigung zeichnet sich folglich dadurch aus, dass sie auch die entlastenden Beweismittel berücksichtigt.

Zur Würdigung der Beweismittel empfiehlt sich in der Klausur diese Reihenfolge:

Übersicht: Beweiswürdigung

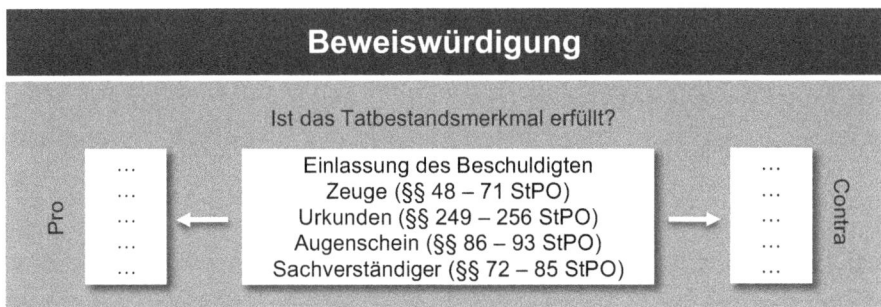

Im obigen Beispiel (Rn. 42) wäre zunächst die Einlassung des Beschuldigten in den Blick zu nehmen. Sollte er den Tatvorwurf bestreiten, prüfen Sie, welche Beweismittel zu seinen Gunsten sprechen und ob mit Hilfe von Strengbeweismitteln seine Aussage *zu widerlegen* sein wird. Wichtig ist, dass insoweit **keine letzte Gewissheit** vorliegen muss, sondern – getreu dem Beweismaßstab der Anklageerhebung – die überwiegende Wahrscheinlichkeit ausreicht. Es muss *wahrscheinlich erweisbar* sein, dass der Beschuldigte die strafbare Handlung begangen hat.[58] Der Grundsatz *in dubio pro reo* hat dabei nur mittelbare Bedeutung, als der Staatsanwalt bedenken muss, ob am Ende einer Hauptverhandlung der Zweifelsgrundsatz Anwendung finden würde.[59]

---

57 Instruktiv dazu und zur sog. Beweiskette, siehe *Bender/Nack/Treuer*, Rn. 624 ff.
58 *Rieso*, S. 37 f.
59 Anstatt vieler *Emde*, JuS 1996, 442, 443.

Beachten Sie aber, dass die Anforderungen an die Bejahung des hinreichenden Tatverdachts nicht überspannt werden dürfen, sodass etwa die Aufklärung von Widersprüchen zwischen den Angaben des Beschuldigten und dem übrigen Beweisergebnis der Hauptverhandlung überlassen werden kann.[60]

B. Verwertbarkeit des Beweismittels

Das Anliegen im Strafprozess ist die Ermittlung des wahren Sachverhalts.[61] Aus diesem Grund sollen grundsätzlich alle, also auch rechtswidrig erlangte (Streng-)Beweismittel verwertbar sein. Die Grenze des Amtsermittlungsgrundsatzes gem. § 244 Abs. 2 StPO wird bei den sog. Beweisverwertungsverboten gezogen. Die Wahrheitserforschung *um jeden Preis* ist rechtsstaatlich gerade nicht erwünscht.[62]   **51**

Zweckmäßigerweise sind drei Kategorien von Beweisverwertungsverboten zu unterscheiden, die alternativ oder kumulativ vorliegen können und die Sie in dieser Reihenfolge prüfen sollten: **52**

Das Beweismittel ist nicht verwertbar, wenn ein

- **ausdrückliches** Beweisverwertungsverbot,
- **unselbstständiges** Beweisverwertungsverbot und/oder
- **selbstständiges** Beweisverwertungsverbot

vorliegt.[63]

I. Ausdrückliche Beweisverwertungsverbote

Ausdrückliche Beweisverwertungsverbote sind dadurch gekennzeichnet, dass der Gesetzgeber die (strafprozessuale) Verwertbarkeit der gewonnenen Beweismittel *expressis verbis* im Gesetz verboten hat. Sie finden sich an unterschiedlichen Stellen in der StPO, z.B. in § 100d Abs. 2 S. 1 oder § 136a Abs. 3 S. 2 (dazu Rn. 54.). Auch außerhalb der StPO hat der Gesetzgeber die Notwendigkeit gesehen, die (strafprozessuale) Verwertbarkeit von Beweismitteln zu regeln (dazu Rn. 55).   **53**

1. Ausdrückliche Beweisverwertungsverbote in der StPO

Geht es in der Klausur um **Abhörmaßnahmen in der Wohnung** bzw. **der Telekommunikation** oder um die **Online-Durchsuchung**, sollten Sie das einheitlich geregelte ausdrückliche Beweisverwertungsverbot aus § 100d Abs. 2 S. 1 StPO kennen.   **54**

Danach dürfen Erkenntnisse aus dem **Kernbereich privater Lebensgestaltung** nicht verwertet werden. Erkenntnisse aus der Privat- oder Sozialsphäre sind demgegenüber

---

60 OLG Saarbrücken, NStZ-RR 2009, 88.
61 BVerfG 57, 250, 275.
62 BVerfG 57, 250, 275.
63 Die Begrifflichkeiten werden in der Rechtsprechung und Literatur nicht einheitlich verwendet, siehe *Eisenberg*, Beweisrecht, Rn. 332 ff.

grundsätzlich verwertbar. Die Klausurleistung wird hierbei regelmäßig in einer guten Argumentation bestehen, ob die durch die Maßnahmen gewonnenen Beschuldigten- äußerungen schon dem Kernbereich privater Lebensgestaltung (Folge: Unverwertbar- keit der Äußerungen!), oder noch anderen Eingriffssphären zuzuordnen sind. Der Ge- setzgeber hat damit die vom BVerfG entwickelte „Sphärentheorie" umgesetzt.[64] Für die Wohnraumüberwachung hatte er diese Einordnung nach alter Rechtslage schon teilweise vorgenommen und befunden, dass **Gespräche in Betriebs- oder Ge- schäftsräumen** in der Regel nicht dem Kernbereich privater Lebensgestaltung zuzu- rechnen sind (vgl. § 100c Abs. 4 S. 2 StPO a.F.). Dies galt auch für Gespräche über begangene Straftaten und Äußerungen, mittels derer Straftaten begangen werden. Diese Wertungen dürften auch nach neuer Rechtslage als Indizien weiter Geltung be- anspruchen.

Neuerdings findet die in § 100d Abs. 2 S. 1 StPO normierte Kernbereichsregelung kraft Verweisung auch auf den Einsatz eines **Verdeckten Ermittlers** (§ 110a Abs. 1 S. 5 StPO) sowie auf die **akustische Überwachung außerhalb von Wohnraum** (§ 100f Abs. 4 StPO) Anwendung. Die Verwertbarkeit von **nichtöffentlich geführ- ten Selbstgesprächen** des Beschuldigten außerhalb von Wohnraum ist deshalb nach neuer Rechtslage wie folgt zu lösen:

Fall (BGH 2 StR 509/10):[65] Im Ermittlungsverfahren gegen A wurde dessen Auto – rechtmä- ßig – elektronisch überwacht. Es wurden auch Selbstgespräche des A aufgezeichnet. Dabei ist zu hören: „(…) *die L ist schon lange tot, die wird auch nicht wieder (…) kannste natürlich nicht sagen*". Und später: „(…) *oho, I kill her, oh yes, oh yes, and this is my problem …*" Wei- ter: „(…) *langweilig, der das Gehirn rauszuprügeln…kann ich dir sagen, joh und weg damit…- werde auch keine mehr wegknallen…nö wir haben sie tot gemacht.*" Können diese Aussagen gegen A verwertet werden?

Lösung: Die Aussage ist nicht verwertbar, wenn ein Beweisverwertungsverbot einschlägig ist. Es könnte ein **ausdrückliches Beweisverwertungsverbot** gem. § 100f Abs. 4 i.V.m. § 100d Abs. 2 S. 1 StPO vorliegen. Fraglich ist, ob das nichtöffentlich geführte Selbstgespräch zum Kernbereich privater Lebensgestaltung gehört, in den gem. § 100d Abs. 1 S. 1 StPO jeder Ein- griff unzulässig ist. Das ist hier der Fall: Denn im Kernbereich privater Lebensgestaltung „(…) *soll dem Menschen die Möglichkeit eröffnet werden, sich in einem letzten Rückzugsraum mit dem eigenen Ich befassen zu können, ohne Angst davor haben zu müssen, dass staatliche Stel- len dies überwachen. Die Gedanken sind grundsätzlich frei, weil Denken für Menschen eine Existenzbedingung darstellt.*" Dass auch Selbstgespräche im Auto zum Kernbereich gehören, folgt hier aus einer Kumulation von Umständen. „*Dazu zählen die* **Eindimensionalität** *der „Selbstkommunikation", die* **Nichtöffentlichkeit** *der Äußerungssituation, die mögliche* **Unbe- wusstheit** *der Äußerungen im Selbstgespräch, die* **Identität** *der Äußerung mit den inneren Ge- danken beim Selbstgespräch und die* **Flüchtigkeit** *des gesprochenen Wortes.*" Dem steht auch nicht entgegen, dass der Aussageinhalt Straftaten betrifft. Denn die Äußerungen im Rahmen dieses Selbstgespräches sind „*nicht auf Verständlichkeit angelegt und jedenfalls durch unwill- kürlich auftretende Bewusstseinsinhalte gekennzeichnet.*" Im Unterschied zur Fallkonstellation in der sog. **Tagebuchentscheidung** des BVerfG[66] hat der A sich der Flüchtigkeit seiner Worte auch nicht dadurch begeben, dass er diese (etwa in einem Tagebuch) schriftlich fixiert hat.

---

64 Siehe dazu Rn. 99.
65 Zur Unverwertbarkeit von Selbstgesprächen des Beschuldigten in einem Krankenzimmer siehe BGHSt 50, 206 ff.
66 BVerfGE 80, 367, 374.

Flüchtig gesprochene Worte verdienen aber besonderen Schutz. Folglich sind die Angaben des Beschuldigten unverwertbar. Übrigens: Nach Auffassung des BGH entfaltet das Beweisverwertungsverbot ausnahmsweise auch **Drittwirkung** gegenüber Mitbeschuldigten: Auch ihnen gegenüber dürfen die Äußerungen des A mithin nicht verwertet werden! Das hier einschlägige Beweisverwertungsverbot entspreche jenen aus § 100a Abs. 4 S. 2 a.F. und § 100c Abs. 5 S. 3 StPO a.F., bei denen Drittwirkung auch anerkannt sei.

Für Nutzer des Onlinekurses: Das Thema wird im Kursfall „Ausdrückliche Beweisverwertungsverbote" behandelt.

Ferner hat sich die Verwertungsregelung zu den verbotenen Vernehmungsmethoden gem. **§ 136a Abs. 3 S. 2 StPO** (über § 69 Abs. 3 StPO auf die **Zeugenvernehmung** anwendbar!) zu einem echten Klausurklassiker entwickelt. Beispielsweise ist die Abgrenzung zwischen der verbotenen *Täuschung* (§ 136a Abs. 1 S. 1 6. Var. StPO) und der erlaubten *kriminalistischen List* – wie übrigens auch das Versprechen von gesetzlich nicht vorgesehenen Vorteilen[67] – klausurtechnisch interessant. Kriminalistische List besteht aus Fangfragen und doppeldeutigen Erklärungen und wird von § 136a StPO nicht verboten. Verboten sind falsche Angaben über Rechtsfragen (z.B. „(...) *Ihr Schweigen kann gegen Sie verwendet werden!"*) und bewusstes Vorspiegeln oder Entstellen von Tatsachen (z.B. bewusst wahrheitswidrig wird gesagt: *„Der Mitbeschuldigte B hat gegen Sie ausgesagt").*[68]

Beispiel aus einer Examensklausur: Der Polizist P vernimmt den Zeugen Z, der zunächst aussageunwillig ist. Daraufhin sagt P zu ihm:

„Sie wissen schon, dass Sie als Zeuge vor Gericht zur Aussage verpflichtet sind, wenn Ihnen kein Zeugnisverweigerungsrecht zusteht, und dass ein Richter eine Aussage auch durch Anordnung von Haft erzwingen kann? Dann sind Sie vielleicht rascher in Gesellschaft von Verbrechern, als Ihnen lieb ist!"

Daraufhin sagt der Zeuge umfangreich zu Lasten des Beschuldigten aus. Verwertbar?

Lösung: Es liegt kein Beweisverwertungsverbot gem. § 163 Abs. 3 S. 2 i.V.m. § 69 Abs. 3 i.V.m. 136a Abs. 3 S. 2 StPO vor. Weder liegt eine „Täuschung" vor, denn die Ausführungen des Polizisten sind rechtlich zutreffend, wie sich aus § 52 StPO einerseits und § 70 Abs. 2 StPO andererseits ergibt. Noch ist eine Drohung einschlägig, da die Drohung mit rechtlich zulässigen Rechtsfolgen – wie hier – erlaubt ist. Ob der Zeuge eingeschüchtert war und ob dies Einfluss auf den Wahrheitsgehalt seiner Aussage hatte, ist eine Frage des Beweiswertes, hindert die Verwertbarkeit seiner Aussage aber nicht.

2. Ausdrückliche Beweisverwertungsverbote außerhalb der StPO

Ausdrückliche Beweisverwertungsverbote bzw. -verwendungsverbote außerhalb der StPO sind beispielsweise in § 51 Abs. 1 BZRG bezogen auf strafrechtliche Verurteilungen im Steuerstrafrecht in § 393 Abs. 2 AO und für das Insolvenzstrafverfahren in § 97 InsO geregelt. Hat der Beschuldigte als Insolvenzschuldner belastende Angaben gegenüber dem Insolvenzverwalter bzw. -gericht gemacht, dürfen diese gem. **§ 97 Abs. 1 S. 3 InsO** im Strafprozess nicht verwendet werden (sog. Verwendungsverbot). **55**

---

67 Dazu *Meyer-Goßner/Schmitt*, § 136a Rn. 23.
68 Zum Ganzen *Meyer-Goßner/Schmitt*, § 136a Rn. 15.

Eine vergleichbare Regelung fehlt im **Versicherungsrecht**. Hat der Beschuldigte nach einem Verkehrsunfall als Versicherungsnehmer in der Haftpflichtschadensanzeige belastende Angaben gegenüber seiner Kfz-Versicherung getätigt, dürfen die Strafverfolgungsbehörden diese Erkenntnisse (z.B. durch Vernehmung des Sachbearbeiters) verwerten.[69] Weder steht dem Versicherungskaufmann – auch nicht analog – das Zeugnisverweigerungsrecht aus § 53 StPO zu (kein besonderes Vertrauensverhältnis), noch liegt ein Eingriff in den unantastbaren Bereich der Privatsphäre vor.[70] Seine Obliegenheit als Versicherungsnehmer gem. § 7 I Abs. 2 *Allgemeine Bedingungen für die Kraftfahrtversicherung* (AKB), im Versicherungsfall vollständige Sachaufklärung zu leisten, bringt den Beschuldigten ohne Frage in eine ungünstige Lage, da er sich strafrechtlich selbst belasten müsste, um den Versicherungsschutz gem. § 7 VI Abs. 2 AKB nicht zu verlieren. Diese Konfliktsituation ist jedoch mit der Zwangslage im Insolvenzverfahren, die § 97 InsO regelt, nicht vergleichbar. Die Verfassung garantiert nicht, dass sich ein Tatverdächtiger einerseits der Gefahr einer Bestrafung entziehen und andererseits zugleich private Rechte voll durchsetzen kann,[71] weshalb wegen Überwiegens des öffentlichen Strafverfolgungsinteresses kein Beweisverwertungsverbot einschlägig ist.

II.   Unselbstständige Beweisverwertungsverbote

56   Unselbstständige Beweisverwertungsverbote[72] setzen voraus, dass die Strafverfolgungsbehörden in rechtswidriger Weise Beweise gewonnen haben (Verstoß gegen ein Beweis*erhebungs*verbot)[73]. Daraus folgt aber nicht automatisch ein Beweis*verwertungs*verbot: der StPO ist kein Rechtssatz des Inhalts zu entnehmen, wonach aus der Verletzung eines Beweiserhebungsverbots stets ein Beweisverwertungsverbot folgt.[74] Vielmehr nimmt die Rechtsprechung in neuerer Zeit grundsätzlich eine Abwägung zwischen dem **Strafverfolgungsinteresse des Staates** einerseits, und dem **Schutz der Rechte des Beschuldigten** andererseits vor (sog. Abwägungslehre). Maßgeblich beeinflusst wird das Ergebnis der danach vorzunehmenden Abwägung einerseits durch das **Ausmaß des staatlichen Aufklärungsinteresses**, dessen **Gewicht im konkreten Fall** vor allem unter Berücksichtigung der **Verfügbarkeit weiterer Beweismittel**, der **Intensität des Tatverdachts** und der **Schwere der Straftat**. Andererseits ist das Gewicht des in Rede stehenden Verfahrensverstoßes von Belang, das sich vor allem danach bemisst, ob der Rechtsverstoß **gutgläubig**, **fahrlässig** oder **vorsätzlich** begangen wurde. **Schwerwiegende**, **bewusste** oder **willkürliche** Verfahrensverstöße, bei denen grundrechtliche Sicherungen planmäßig oder systematisch außer Acht gelassen werden, verlangen von Verfassungs wegen die Unverwertbarkeit dadurch unmittelbar gewonnener Informationen.[75]

---

69   BVerfG, NStZ 1995, 599; OLG Celle, NJW 1985, 640.
70   OLG Celle, NJW 1985, 640.
71   BVerfG, NStZ 1995, 599.
72   Zum Begriff siehe *Beulke*, Rn. 457 m.w.N.
73   Es unterteilt sich in Beweismethoden-, Beweismittel- und Beweisthemenverbote, *Engländer*, Rn. 236 ff.
74   BVerfG, 2 BvR 2225/08.
75   Zuletzt BGH, NStZ 2019, 227, 228.

Struktur der unselbstständigen Beweisverwertungsverbote:

1. Stufe:

Feststellung der Rechtswidrigkeit der Beweiserhebung (sog. Beweis*erhebungs*verbot)

2. Stufe:

Prüfung eines Beweisverwertungsverbots nach den Grundsätzen der Abwägungslehre

In der Rechtsprechung wurden bislang die folgenden Gesichtspunkte alternativ oder kumulativ in die Abwägung eingestellt[76]:

Übersicht: Abwägungslehre[77]

Häufig werden Sie auf der 1. Stufe den Verstoß gegen eine StPO-Vorschrift zu prüfen haben. Ist die Vorschrift verletzt, untersuchen Sie in grundsätzlicher Anwendung der Abwägungslehre das Vorliegen eines Beweisverwertungsverbots.

---

76 Vgl. auch Darstellung von *Charchulla/Welzel*, Rn. 511.
77 Siehe dazu noch BGHSt 11, 213, 215.

1. Belehrungspflichten bei Vernehmung des Beschuldigten

58 Nicht selten missachten die Strafverfolgungsorgane in der Klausur die ihnen obliegenden Belehrungspflichten. In diesem Zusammenhang sind zwei Zeitpunkte zu unterscheiden: Belehrungspflichten im Zusammenhang mit der *Vernehmung* des Beschuldigten (dazu unter Rn. 58.) und Belehrungspflichten im Zusammenhang mit seiner *Verhaftung* (dazu unter Rn. 72).

a) Verwertbarkeit von Aussagen bei Vernehmung

59 Die Polizei, die Staatsanwaltschaft und der Richter müssen den Beschuldigten vor einer Vernehmung u.a. über sein Schweigerecht belehren. Die Belehrungspflicht für den **Richter** folgt direkt aus § 136 Abs. 1 S. 2 StPO (für die **Polizei** über § 163a Abs. 4 S. 2 StPO, für die **Staatsanwaltschaft** über § 163a Abs. 3 S. 2 StPO).

Der Beschuldigte ist nach zumindest noch geltender Rechtslage immer nur vor der **ersten Vernehmung** durch das jeweilige Strafverfolgungsorgan zu belehren. Wird der Beschuldigte von der Polizei **wiederholt vernommen**, ist die Belehrung vor der ersten Vernehmung auch für die weiteren polizeilichen Vernehmungen ausreichend (vgl. § 163a Abs. 4 S. 1 StPO). Soll der Beschuldigte auch von der Staatsanwaltschaft vernommen werden, ist dieser vor der ersten staatsanwaltlichen Vernehmung erneut zu belehren (neues Strafverfolgungsorgan!), § 163a Abs. 3 i.V.m. § 136 Abs. 1 S. 1 und 2 StPO. Vor der (ersten) richterlichen Vernehmung ist der Beschuldigte ebenfalls erneut zu belehren, § 136 Abs. 1 S. 1 und 2 StPO.

Beachte: Der Reformgesetzgeber plant den Anwendungsbereich der Belehrungspflicht auszudehnen. Danach soll es bei wiederholter Vernehmung erforderlich sein, den Beschuldigten vor Beginn einer *jeden* richterlichen, staatsanwaltlichen und polizeilichen Vernehmung über seine Rechte zu belehren, vgl. nur § 163a Abs. 4 StPV-E.[78]

Die Belehrungspflicht aus § 136 Abs. 1 S. 2 StPO entsteht, sobald ein **Beschuldigter** im Rahmen einer **Vernehmung** aussagen soll. Beide Rechtsbegriffe bedürfen der Auslegung.

60 **aa) „Vernehmung" (Abgrenzung zur Spontanäußerung).** Eine Vernehmung liegt vor, wenn der Vernehmende der Auskunftsperson *in amtlicher Funktion* gegenübertritt und *in dieser Eigenschaft* von ihm *Auskunft verlangt*.[79]

Besonders klausurrelevant ist die Abgrenzung zur sog. **Spontanäußerung** des Beschuldigten. Bei solchen Äußerungen trifft die Strafverfolgungsbehörden mangels Vernehmungssituation keine Belehrungspflicht. Führen Sie sich dabei den Sinn der Belehrungspflicht vor Augen: Die Belehrung soll den Beschuldigten vor dem Irrtum schützen, gegenüber den staatlichen Strafverfolgungsorganen aussagen zu müssen.[80] Wenn er hingegen Äußerungen tätigt, die nicht durch die Konfrontation mit dem amt-

---

78 RefE eines Gesetzes zur Fortentwicklung der Strafprozessordnung und zur Änderung weiterer Vorschriften, Stand: 15. Oktober 2020, S. 63.
79 BGHSt 42, 139, 145; *Meyer-Goßner/Schmitt*, § 136a Rn. 4.
80 BGHSt 42, 139, 147.

lichen Auskunftsverlangen veranlasst sind, muss der Beschuldigte auch nicht vor der Gefahr der irrigen Annahme einer Aussagepflicht durch die (Schweigerechts-) Belehrung geschützt werden.

Beispiel: Kurz nachdem A seine Freundin getötet hat, betritt er die Polizeistation und beginnt umgehend damit, die Tat weinend und reumütig in Einzelheiten zu schildern. Sind seine Äußerungen strafprozessual verwertbar?

Lösung: Die Aussage ist auch ohne vorhergehende Belehrung verwertbar, da A's Motivation zur Aussage in der Erleichterung seines Gewissens lag, nicht aber infolge der irrtümlichen Annahme einer Aussagepflicht zustande kam. Es handelt sich um eine sog. Spontanäußerung.

In einer neueren Entscheidung des BGH wurde der spätere Beschuldigte zunächst als Zeuge von der Polizei vernommen. Da er sich bei der Vernehmung in erhebliche Widersprüche verstrickt hatte, wurde die Vernehmung zwecks Rücksprache mit der Staatsanwaltschaft unterbrochen. In der Vernehmungspause machte der spätere Beschuldigte ohne gezieltes Nachfragen von sich aus gegenüber dem im Raum verbliebenen Polizeibeamten Angaben. Diese Angaben sind nach BGH verwertbar. Denn die **nur passive Entgegennahme von Spontanäußerungen** ist selbst dann ohne Belehrung zulässig, wenn der Zeuge schon vor der Vernehmungspause als Beschuldiger hätte belehrt werden müssen.[81]

Die über einen **längeren Zeitraum dauernde** passive Entgegennahme einer Spontanäußerung ist ohne Belehrung des Tatverdächtigen demgegenüber problematisch. Denn anderenfalls läge nach Auffassung des BGH eine gezielte **Umgehung der Belehrungspflichten** äußerst nahe, *„wenn sich (…) Polizeibeamte von einem Tatverdächtigen nach pauschalem Geständnis einer schweren Straftat und der unmittelbar darauf erfolgten Festnahme über eine beträchtliche Zeitspanne Einzelheiten der Tat berichten ließen, ohne den von ihnen ersichtlich als Beschuldigten behandelten Täter auf sein Aussageverweigerungsrecht hinzuweisen."*[82]

Sobald der Vernehmungsbeamte **Nachfragen** zur Sache stellt, schlägt das Kommunikationsgeschehen in aller Regel in eine Vernehmung um, die Belehrungspflichten auslöst.[83]

bb) **„Beschuldigter"** (Abgrenzung zur sog. informatorischen Befragung). Von der Vernehmung eines Beschuldigten ist die Vernehmung eines Zeugen abzugrenzen. Auskunftspersonen im Strafverfahren sind entweder Zeugen oder Beschuldigte. Eine dritte strafprozessual relevante Kategorie (etwa den „Tatverdächtigen") gibt es nach ganz überwiegender Ansicht nicht.[84] 61

Auch die sog. **informatorische Befragung** ist eine *Zeugen*vernehmung, die keine Belehrungspflicht über das Schweigerecht gem. § 136 Abs. 1 S. 2 StPO auslöst.[85] Solange der Tatverdächtige informatorisch befragt wird, ist er Zeuge, nicht Beschuldigter. Erklärungen, die der spätere Beschuldigte in der informatorischen Befragung ge-

---

81   Vgl. BGH 5 StR 195/19, BeckRS 2019, 19570.
82   BGH NJW 2009, 3589.
83   Vgl. MüKo-StPO/*Schuhr*, Vor §§ 133 ff. Rn. 42.
84   *Meyer-Goßner/Schmitt*, Einl. Rn. 79.
85   BGH NJW 1992, 1463, 1466; *Meyer-Goßner/Schmitt*, Einl. Rn. 79.

tätigt hat, können auch ohne vorherige Belehrung gegen ihn verwertet werden. In der Praxis bereitet immer wieder die Frage Schwierigkeiten, ab welchem Zeitpunkt die Strafverfolgungsbehörden einen Tatverdächtigen als Beschuldigten behandeln und deshalb belehren müssen.

Beispiel (*OLG Nürnberg – 2 OLG Ss 113/13, BeckRS 2014, 1452*)**:** A fuhr mit seinem PKW, dessen Halter er ist, im Straßenverkehr und verursachte einen Verkehrsunfall. Ohne die erforderlichen Feststellungen zu ermöglichen, fuhr er nach Hause. Dort suchten ihn am selben Tag Polizeibeamte auf. Auf Nachfrage bestätigte A, dass er der Halter des (unfallbeteiligten) Fahrzeugs sei. Auf weiteres Befragen, ohne zuvor belehrt worden zu sein, gab er an, Fahrer des Fahrzeugs gewesen zu sein. Ist diese Angabe verwertbar?

62 **Beschuldigter** ist derjenige, gegen den sich der Verfolgungswille der Strafverfolgungsbehörde (subjektives Element) in einem objektiven Verfolgungsakt manifestiert (objektives Element).[86]

Ein solcher Verfolgungswille ist stets zu bejahen, wenn gegen die Auskunftsperson ein **förmliches Ermittlungsverfahren** eingeleitet wird. Wenn beispielsweise eine Strafanzeige gegen den A gestellt worden ist (bei der Polizei erhält das Verfahren eine sog. Tagebuchnummer, bei der Staatsanwaltschaft ein Js-Aktenzeichen) und die Ermittlungsbehörden daraufhin die Ermittlungen aufnehmen, ist A Beschuldigter.

In anderen Fällen ist es zur Beurteilung des staatlichen Verfolgungswillens von Bedeutung, wie sich das Verhalten der ermittelnden Beamten nach außen, insbesondere in der Wahrnehmung des Betroffenen, darstellt.[87] Das Strafverfahren ist eingeleitet, sobald die Ermittlungsbehörde eine Maßnahme trifft, die nach ihrem **äußeren Erscheinungsbild** darauf abzielt, gegen jemanden strafrechtlich vorzugehen.[88] Ist eine Ermittlungshandlung darauf gerichtet, den Vernommenen als Täter einer Straftat zu überführen, kommt es nicht mehr darauf an, wie der Ermittlungsbeamte sein Verhalten rechtlich bewertet.[89] Polizeiliche Verhaltensweisen wie die Mitnahme eines Befragten zur Polizeiwache, die Durchsuchung seiner Wohnung oder seine vorläufige Festnahme belegen ihrem äußeren Befund nach, dass der Polizeibeamte dem Befragten als Beschuldigten begegnet, mag er dies auch nicht zum Ausdruck bringen.[90]

Nun kann es (etwa aus kriminaltaktischem Kalkül) im Interesse der Ermittlungsbehörden liegen, den Zeitpunkt der Belehrungspflicht durch „Leisetreterei"[91] hinauszuzögern und denjenigen weiterhin als Zeugen zu behandeln, der schon längst in die Verfahrensstellung eines Beschuldigten geraten ist. Um die **Umgehung der Beschuldigtenrechte** zu verhindern, hat die Rechtsprechung in Abweichung von der obigen Beschuldigtenformel eine Missbrauchsgrenze entwickelt. Danach kann die Beschuldigteneigenschaft ungeachtet eines entsprechenden Strafverfolgungswillens der Behörden allein aufgrund der (objektiv feststellbaren) **Stärke des Tatverdachts** begründet werden. Zwar reicht der einfache Tatverdacht zur Begründung der Beschuldigten-

---

86 BGH NJW 2007, 2706; *Meyer-Goßner/Schmitt*, Einl. Rn. 76; *Engländer*, Rn. 56.
87 BGH NJW 1992, 1463, 1466.
88 BGH 2 StR 439/13 Rn. 28 m.w.N.
89 BGH 2 StR 439/13 Rn. 28 m.w.N.
90 BGH NJW 2009, 3589.
91 Treffend *Deiters*, ZJS 2008, 93, 96.

eigenschaft noch nicht aus, denn das Gesetz kennt auch den *tatverdächtigen* Zeugen (vgl. §§ 55 Abs. 2, 60 Nr. 2 StPO).[92] Spätestens jedoch in dem Moment, in dem sich der *Tatverdacht* gegenüber einem Zeugen *nach pflichtgemäßer Beurteilung* (Beurteilungsspielraum) der Strafverfolgungsbehörden derart verdichtet, dass der Zeuge *ernstlich als Täter der fraglichen Straftat in Betracht* kommt, müssen ihn die Strafverfolgungsbehörden als Beschuldigten behandeln.[93] Bei der Ausübung des Ermessens ist der gesetzliche Schutzzweck des § 136 Abs. 1 StPO[94] ebenso zu berücksichtigen wie das Interesse des Vernommenen daran, nicht vorschnell mit einem Ermittlungsverfahren überzogen zu werden.[95]

Für Nutzer des Onlinekurses: Das Thema wird im Kursfall „Beschuldigteneigenschaft" behandelt.

Lösung des OLG Nürnberg: A musste gem. §§ 163a Abs. 4 S. 2, 136 Abs. 1 S. 2 StPO belehrt werden, da er nach seiner Angabe, der Halter zu sein, Beschuldigter war. Seine weitere Angabe, der Fahrer gewesen zu sein, ist aufgrund fehlender Belehrung unverwertbar.

„[...] *Bedeutsam ist die* **Stärke des Tatverdachts**, *den der Polizeibeamte gegenüber dem Befragten hegt. Hierbei hat der Beamte einen* **Beurteilungsspielraum**, *den er freilich nicht mit dem Ziel missbrauchen darf, den Zeitpunkt der Belehrung nach § 136 Abs. 1 Satz 2 StPO möglichst weit hinauszuschieben [...]. Vorliegend war es seitens des als Zeugen vernommenen Polizeibeamten ermessensfehlerhaft, den Angeklagten vor der Befragung nicht als Beschuldigten zu behandeln und entsprechend zu belehren. Der mögliche Täter war nicht mehr nur in einer nicht näher bestimmten Personengruppe zu suchen, sondern der Tatverdacht hatte sich nach der Ermittlung des Angeklagten als Fahrzeughalter bereits auf ihn verdichtet, auch wenn grundsätzlich auch andere Personen als Nutzer des Fahrzeugs des Angeklagten in Betracht kommen. [...]*"

cc) Rechtsfolgen des Belehrungsverstoßes über das Schweigerecht. Wurde der Beschuldigte nicht ordnungsgemäß über sein Schweigerecht belehrt, kann dessen Aussage nach ständiger Rechtsprechung **nicht verwertet** werden.[96] Die Einlassung kann also weder durch *Vernehmung der Verhörsperson* (Zeugenbeweis) noch durch – sofern nach §§ 251 ff. StPO überhaupt zulässig – *Verlesung des Vernehmungsprotokolls* (Urkundenbeweis) in die Hauptverhandlung eingeführt werden. **63**

Der BGH macht hiervon zwei wichtige **Ausnahmen:** **64**

- **Kenntnis vom Schweigerecht:** Kennt der Beschuldigte sein Schweigerecht, ist der Belehrungsverstoß nicht revisibel.[97] Dies ist typischerweise bei justizerfahrenen Straftätern, beschuldigten Polizisten oder Juristen der Fall.
- **Kein Widerspruch:** Gibt der Verteidiger in der Akte zu erkennen, dass er der Verwertung in der Hauptverhandlung nicht widersprechen wird, was nach BGH

---

92 *Meyer-Goßner/Schmitt*, Einl. Rn. 77.
93 BGH 1 StR 476/11, S. 3.
94 Vgl. OLG Nürnberg, Beschl. v. 4.7.2013 – 2 OLG Ss 113/13.
95 BGH 1 StR 476/11, S. 3.
96 *Meyer-Goßner/Schmitt*, § 136 Rn. 24.
97 Vgl. BGHSt 38, 214, 224.

Voraussetzung für die Unverwertbarkeit der Aussage des Beschuldigten ist (sog. **Widerspruchslösung**), kann die Aussage trotz Verstoßes verwertet werden.

65   **Vertiefung:** Zur Widerspruchslösung des BGH

Um die Beweisverwertung durch das Gericht trotz Beweisverwertungsverbots mit der Revision rügen zu können, soll der *verteidigte* Angeklagte oder dessen Verteidiger der Verwertung eines unzulässigen Beweismittels nach BGH widersprechen müssen.[98] Der Verwertungswiderspruch muss innerhalb der erstinstanzlichen Hauptverhandlung und spätestens nach der Erhebung des Beweismittels in der Hauptverhandlung (§ 257 StPO) erhoben werden. In der Staatsanwaltklausur wirft die Widerspruchslösung in aller Regel keine Probleme auf. Nach ständiger Rechtsprechung des BGH sind Beweisverwertungsverbote im Ermittlungsverfahren unabhängig von einer Beanstandung **von Amts wegen** zu berücksichtigen. Denn Verwertungsverbote werden bereits durch den Gesetzesverstoß, nicht erst durch eine derartige Beanstandung begründet.[99]

Im Übrigen sollten Sie in der Klausur davon ausgehen, dass der Verteidiger der Verwertung eines aus seiner Sicht unzulässigen Beweismittels widersprechen wird, es sei denn, er teilt ausdrücklich das Gegenteil mit oder die Unverwertbarkeit eines Beweismittels widerspräche den Interessen des Mandanten. So lag es in einem Klausurfall, in dem die entnommene Blutprobe wegen Verstoßes gegen § 81a Abs. 2 StPO unverwertbar war, der hohe BAK-Wert jedoch den Nachweis der Schuldunfähigkeit des Beschuldigten erbrachte.

Die Widerspruchslösung gilt in erster Linie bei der **Verletzung von Beschuldigtenrechten:**[100]

- Verstoß gegen Belehrungspflicht gem. § 136 Abs. 1 S. 2 StPO,
- Verstoß gegen Benachrichtigungspflicht gem. § 168c Abs. 5 S. 1 StPO,
- Verstoß gegen Belehrungspflicht gem. § 114b Abs. 2 S. 4 i.V.m. Art. 36 WÜK (str.),
- Verstöße bei Telefonüberwachung gem. § 100a StPO,
- Verstöße gegen § 81a StPO.

Der *5. Strafsenat* des BGH hat entschieden, dass auch bei

- Verstößen gegen Vorschriften der **(Wohnraum-) Durchsuchung**

ein Widerspruch gegen die Beweisverwertung erforderlich ist, um dem Tatgericht schon in der Hauptverhandlung und nicht erst dem Revisionsgericht die Prüfung eines Beweisverwertungsverbotes zu ermöglichen (Gedanke des subsidiären Rechtsschutzes).[101]

Sie gilt demgegenüber ausdrücklich **nicht** bei einem

- Verstoß gegen **§ 136a StPO.**

Ebenfalls findet die Widerspruchslösung keine Anwendung bei Verletzung von Vorschriften, die in erster Linie dem Schutz **anderer Verfahrensbeteiligter** dienen, wie bei Verstößen gegen die Belehrungspflicht gem. § 52 Abs. 3 S. 1 StPO.[102]

66   Ist die **Vornahme der Belehrung zweifelhaft**, ist im **Freibeweisverfahren** zu klären, ob der Beschuldigte ordnungsgemäß belehrt wurde. Liegen keine hinreichend

---

98   *Meyer-Goßner/Schmitt*, § 136 Rn. 25.

99   BGH NJW 2019, 2627, 2629 m.w.N..

100   *Weidemann/Scherf*, Rn. 430.

101   BGH NStZ 2018, 737 entgegen der – nicht tragenden – Auffassung des *2. Strafsenats* des BGH, Urteil v. 6.10.2016 – 2 StR 46/15.

102   Vgl. *Meyer-Goßner/Schmitt*, § 52 Rn. 34.

verlässlichen Anhaltspunkte für eine erfolgte Belehrung vor, und kommt hinzu, dass die Belehrung entgegen § 168b Abs. 3 StPO nicht in den Akten dokumentiert wurde, dürfen die Äußerungen des Beschuldigten nicht verwertet werden, wenn ihm seine Rechte nicht bekannt waren.[103]

dd) Rechtsfolgen eines Belehrungsverstoßes über das Recht auf Verteidiger. Der **67** Beschuldigte hat gem. § 137 Abs. 1 S. 1 StPO und Art. 6 Abs. 3 lit. c EMRK in jeder Phase des Verfahrens das Recht auf Beiziehung eines frei gewählten Verteidigers. Gem. § 136 Abs. 1 S. 2 StPO ist der Beschuldigte darüber zu belehren. Das Recht auf Verteidigerkonsultation ist eng verbunden mit dem Schweigerecht des Beschuldigten. Die unterlassene Belehrung über das Verteidigerkonsultationsrecht hat deshalb **dasselbe Gewicht** wie die unterlassene Schweigerechtsbelehrung und führt zur Unverwertbarkeit der in der Folge getätigten Angaben.[104] Das Hinweis- und Belehrungsprogramm hat der Gesetzgeber wie folgt erweitert:

- Gem. § 136 Abs. 1 S. 3 und 4 StPO ist der Beschuldigte insbesondere auf den **anwaltlichen Notdienst** hinzuweisen. Beachte: Der Hinweis ist aber **entbehrlich**, wenn der Beschuldigte bereits einen bestimmten Rechtsanwalt als Verteidiger benannt hat.[105]
- Gem. § 136 Abs. 1 S. 5 StPO ist der Beschuldigte u.a. darüber zu belehren, dass er unter den Voraussetzungen des § 140 StPO die Bestellung eines **Pflichtverteidigers** beantragen kann – korrespondierend zu dem neu geregelten Antragsrecht des Beschuldigten gem. § 141 Abs. 1 StPO.

Nach Auffassung des BGH führt ein Verstoß gegen diese Belehrungspflichten – anders als bei der unterlassenen Belehrung über das Verteidigerkonsultationsrecht – nicht *per se*, sondern allenfalls in Anwendung der **Abwägungslehre** zu einem Verwertungsverbot der Aussage.[106] Zu bejahen ist ein Beweisverwertungsverbot, wenn dem Beschuldigten *bewusst* **verschwiegen** wird, dass sich bereits ein Verteidiger für ihn bestellt hat.[107] Wird dem Beschuldigten vor der ersten Vernehmung die *gewünschte* **Hinzuziehung** eines Verteidigers verwehrt, soll dies nach BGH ebenfalls ein Beweisverwertungsverbot nach sich ziehen.[108] Gleiches gilt in der ähnlich gelagerten Konstellation, in welcher dem Beschuldigten trotz Wunsches bei seiner Suche nach einem Verteidiger *nicht effektiv* **geholfen** wird, es sei denn, er hat sich nach erfolgloser Suche freiwillig doch zu einer Aussage bereit erklärt.[109] Ist der bereits konsultierte Verteidiger erkennbar auf dem Weg zur Vernehmung, und wird die Vernehmung dennoch ohne ihn fortgesetzt, wird ebenfalls ein Beweisverwertungsverbot angenommen.[110]

Für Nutzer des Onlinekurses: Das Thema wird im Kursfall „Recht auf Verteidiger" behandelt.

---

103 Vgl. BGH NStZ-RR 2007, 80, 81.
104 Vgl. BGH NJW 2002, 975.
105 Vgl. BGH, 5 StR 167/19, BeckRS 2019, 14505.
106 BGH NStZ 2018, 671; BGH NStZ 2006, 236, 237.
107 BGH NStZ 1997, 502.
108 BGHSt 38, 372 ff.
109 BGH NStZ 2006, 115.
110 BGH NStZ 2008, 643.

Von Klausurrelevanz ist schließlich die **Fortsetzung der Vernehmung nach erfolglosem Kontaktversuch** des Beschuldigten mit seinem Verteidiger. Wünscht der Beschuldigte nach ordnungsgemäßer Belehrung vor der Vernehmung die Konsultation seines Verteidigers, scheitert diese aber, kann die Vernehmung des Beschuldigten nur unter diesen Voraussetzungen fortgesetzt werden:

1. **Erneute Belehrung** über auf das Recht auf Zuziehung eines Verteidigers; denn dem Beschuldigten soll deutlich gemacht werden, dass er sein Recht auf Verteidigerkonsultation nicht durch den fehlgeschlagenen Kontaktversuch verwirkt hat.
2. Der Beschuldigte erklärt sich mit der Fortsetzung **einverstanden**.

Unterlassen die Ermittlungsbehörden die wiederholte Belehrung, folgt daraus ein Beweisverwertungsverbot der Angaben des Beschuldigten.[111]

68   ee) **Rechtsfolgen des Verstoßes gegen die Mitteilungspflicht gem. § 168c StPO.** Gem. § 168c Abs. 1 S. 1 StPO hat u.a. der Verteidiger des Beschuldigten ein **Anwesenheitsrecht** bei richterlichen Vernehmungen seines Mandanten. Über die Vernehmung ist der Verteidiger gem. § 168c Abs. 5 S. 1 StPO vorab zu benachrichtigen. Wird dagegen verstoßen, insbesondere weil die Abwesenheit des Verteidigers nicht mit einer Gefährdung des Untersuchungserfolgs gem. § 168c Abs. 5 S. 2 StPO zu rechtfertigen ist, führt dies zu einem **Verwertungsverbot** der Aussage, wenn der Verteidiger in der Hauptverhandlung rechtzeitig widerspricht.[112] In einem neueren Urteil hat der *1. Strafsenat* des BGH in einem *obiter dictum* an dieser Auffassung Zweifel angemeldet.[113] Jedenfalls soll aber das Beweisverwertungsverbot der Beschuldigtenaussage nicht zugunsten eines Mitbeschuldigten wirken.

Möglich bleibt aber die Verlesung der Niederschrift über § 251 Abs. 1 StPO (aber Zustimmung u.a. des verteidigten Angeklagten erforderlich!), wobei der **Beweiswert** der Aussage mangels Anwesenheit eines Verfahrensbeteiligten **gemindert** ist.[114]

ff) **Weitere Fallgruppen von Verstößen im Zusammenhang mit der Beschuldigtenvernehmung.**

69   (1) **Vorhalt unzulässig erlangter Beweismittel.**   Trotz ordnungsgemäßer Belehrung *kann* die Aussage des Beschuldigten nach der gebotenen Abwägung unverwertbar sein, wenn ihm unzulässig erlangte Beweismittel vorgehalten worden sind.

Beispiel (abgewandelt nach BGH, NStZ 2019, 227 ff.): Die Wohnung des Beschuldigten wurde unter Verstoß gegen den Richtervorbehalt von Polizeibeamten durchsucht. Gefunden wurden zahlreiche belastende Beweismittel. Der Vorwurf betrifft eine Straftat der mittleren Kriminalität. Noch in der Wohnung ließ sich der Beschuldigte nach ordnungsgemäßer Belehrung unter Vorhalt der unzulässig erlangten Beweismittel geständig zu der Tat ein. Sind die Angaben verwertbar?

Die Angaben des Beschuldigten sind unverwertbar, obwohl der Beschuldigte ordnungsgemäß belehrt worden war. Die Durchsuchung wurde unter Verstoß gegen

---

111   Zum Ganzen BGH, 5 StR 167/19, BeckRS 2019, 14505.
112   BGH NStZ 1989, 282, 283.
113   BGH NJW 2009, 345, 346.
114   *Meyer-Goßner/Schmitt*, § 168c Rn. 6.

Richtervorbehalt gem. § 105 Abs. 1 StPO vorgenommen. Da der Beschuldigte seine Angaben unter dem Eindruck des Vorhalts unzulässig erlangter Erkenntnisse gemacht hatte, war er nicht mehr frei in seiner Entschließung, ob und wie er sich zu einzelnen Punkten einlassen soll, die ihm aufgrund der unzulässig erlangten Beweismittel vorgehalten wurden.[115] Dieser Verstoß führt hier nach der gebotenen Abwägung – etwa weil es nicht um die Aufklärung einer schweren Straftat geht – zu einem Beweisverwertungsverbot der Angaben, die durch den Vorhalt herbeigeführt worden sind. Übrigens: Der BGH lässt in dieser Entscheidung offen, ob die Grundsätze zur Pflicht zur **qualifizierten Belehrung** auch auf die Fallgruppe des Vorhalts unzulässig erlangter Beweismittel Anwendung finden soll.

(2) Verstoß gegen die Pflicht zur Videodokumentation. Am 1. Januar 2020 ist die **70** Regelung zur audiovisuellen Aufzeichnung von Beschuldigtenvernehmungen in Kraft getreten. Gem. § 136 Abs. 4 S. 1 StPO *kann* grundsätzlich jede Vernehmung des Beschuldigten in Bild und Ton aufgezeichnet werden. Sie *muss* gem. § 136 Abs. 4 S. 2 Nr. 1 StPO aufgezeichnet werden, wenn dem Ermittlungsverfahren ein **vorsätzlich begangenes Tötungsdelikt** (z.B. §§ 211 bis 221 StGB; versuchte Tötungsdelikte; erfolgsqualifizierte Delikte, sofern Tötungsvorsatz gegeben ist) zugrunde liegt und der Aufzeichnung weder die äußeren Umstände noch die besondere Dringlichkeit der Vernehmung entgegenstehen. Eine Aufzeichnungspflicht besteht gem. § 136 Abs. 4 S. 2 Nr.2 StPO auch, wenn die schutzwürdigen Interessen des Beschuldigten durch die Aufzeichnung besser gewahrt werden können. Über die Verweisungen in § 163a Abs. 3 und 4 StPO findet die Regelung auch auf **staatsanwaltliche** und **polizeiliche** Beschuldigtenvernehmungen Anwendung.

Sollte die Vernehmung des Beschuldigten entgegen § 136 Abs. 4 S. 2 StPO nicht aufgezeichnet worden sein, dürfte der Verstoß bei der gebotenen Abwägung in aller Regel kein Beweisverwertungsverbot zur Folge haben.[116] Das Fehlen einer audiovisuellen Aufzeichnung kann aber den **Beweiswert** der Angaben des Beschuldigten beeinflussen.

(3) Nicht rechtzeitig erfolgte Bestellung eines Pflichtverteidigers im Ermittlungsver- **71** **fahren.** Am 13. Dezember 2019 ist das Gesetz zur Neuregelung des Rechts der notwendigen Verteidigung in Kraft getreten.[117] Neu ist insbesondere, dass die **Bestellung eines Pflichtverteidigers** – entgegen der bisherigen Rechtslage – vielfach bereits im Ermittlungsverfahren notwendig sein wird. Sollten die Strafverfolgungsbehörden in dieser Situation die Bestellung eines Pflichtverteidigers unterlassen und wird der Beschuldigte nach ordnungsgemäßer Belehrung sodann gleichwohl vernommen, stellt sich die Frage nach der Verwertbarkeit seiner Aussage.

Sie prüfen:

1. Schritt: Liegt überhaupt ein Fall notwendiger Verteidigung gem. § 140 StPO vor?

---

115   BGH, NStZ 2019, 227, 228; a.A. OLG Düsseldorf, Beschl. v. 23.6.2016 – III-3 RVs 46/16 (Fernwirkung!); *kritisch* dazu *Radtke*, NStZ 2017, 177 ff.
116   BT-Drucks. 18/11277, S. 27; *Meyer-Goßner/Schmitt.* § 136 Rn. 20a.
117   Vgl. zum Inhalt der Reform nur *Böß*, NStZ 2020, 185 ff.

In welchen Fällen dem Beschuldigten ein Pflichtverteidiger bestellt werden kann, ist in § 140 StPO geregelt. Klausurrelevant sind in erster Linie:

- § 140 Abs. 1 Nr. 1 StPO: Es ist **zu erwarten**, dass die Hauptverhandlung im ersten Rechtszug u.a. vor dem **Landgericht** oder – neu – vor dem **Schöffengericht** stattfindet. Die Anforderungen an die „Erwartung" sind nicht hoch. Entsprechend eines Anfangsverdachts[118] genügt die nach kriminalistischer Erfahrung zu beurteilende, Tatsachen fundierte Möglichkeit, dass der Beschuldigte vor dem Schöffen- oder Landgericht angeklagt wird.

- § 140 Abs. 1 Nr. 2 StPO: Dem Beschuldigten wird ein **Verbrechen** (siehe § 12 StGB) zur Last gelegt.

- § 140 Abs. 1 Nr. 4 StPO: Der Beschuldigte **ist** einem Gericht zur Entscheidung über u.a. **Haft vorzuführen**. Wird der Beschuldigte beispielsweise aufgrund eines gegen ihn zuvor erlassenen Untersuchungshaftbefehls (§§ 112 ff. StPO) ergriffen, *ist* er gem. § 115 Abs. 1 StPO unverzüglich dem zuständigen Gericht vorzuführen. Die Voraussetzungen gem. § 140 Abs. 1 Nr. 4 StPO sind in diesem Fall gegeben.

  Demgegenüber begründet die **vorläufige Festnahme** des Beschuldigten gem. § 128 Abs. 1 StPO noch keine sofortige Pflicht zur Vorführung und bildet damit keinen Fall des § 140 Abs. 1 Nr. 4 StPO. Die vorläufige Festnahme darf nach BGH durch die Ermittlungsbehörden hinausgeschoben werden, soweit dies sachdienlich erscheint.[119] Denn anders als bei der Ergreifung auf der Grundlage eines bereits vorliegenden Haftbefehls, bei dem die Ermittlungsbeamten den richterlichen Beschluss lediglich vollziehen und deshalb den Verhafteten „unverzüglich" dem Richter vorzuführen haben, ist der Richter bei der vorläufigen Festnahme nach § 127 Abs. 2 StPO mit der Sache noch nicht befasst. In diesen Fällen verbleibt den Ermittlungsbehörden ein **zeitlicher Spielraum**, in dem sie vor einer möglichen Vorführung des Beschuldigten vor den Richter weitere Ermittlungsbefugnisse und -pflichten haben. Sobald feststeht, dass der Beschuldigte vorgeführt und nicht freigelassen werden soll, mithin ein Haftbefehl erlassen und verkündet werden soll, liegt ein Fall notwendiger Verteidigung gem. § 140 Abs. 1 Nr. 4 StPO vor.[120]

- § 140 Abs. 1 Nr. 10 StPO: Bei einer **richterlichen Vernehmung** (des Beschuldigten oder eines Zeugen) erscheint die Mitwirkung eines Verteidigers auf Grund der Bedeutung der Vernehmung zur Wahrung der Rechte des Beschuldigten **geboten**.

2. Schritt: Ist dem – nicht durch einen Wahlverteidiger vertretenen – Beschuldigten gem. § 141 StPO bereits im Ermittlungsverfahren ein Pflichtverteidiger zu bestellen?

Nur wenn ein Fall notwendiger Verteidigung gegeben ist, prüfen Sie im zweiten Schritt, ob dem Beschuldigten im Ermittlungsverfahren schon vor seiner Vernehmung ein Pflichtverteidiger zu bestellen war. Dies richtet sich nach § 141 StPO:

---

118 *Böß*, NStZ 2020, 185, 186.
119 BGH, NStZ 2018, 734, 735.
120 *Böß*, NStZ 2020, 185, 187.

- Nach § 141 Abs. 1 StPO ist dem Beschuldigten unverzüglich ein Pflichtverteidiger zu bestellen, wenn er dies nach der Belehrung gem. § 136 Abs. 1 S. 5 StPO **ausdrücklich beantragt**. Über den Antrag ist spätestens **vor der Vernehmung** (oder der Gegenüberstellung!) zu entscheiden.
- Stellt der Beschuldigte diesen Antrag nicht, wird unter den Voraussetzungen des § 141 Abs. 2 StPO dem noch nicht verteidigten Beschuldigten **von Amts wegen** ein Pflichtverteidiger zu bestellen sein. Das ist im Ermittlungsverfahren beispielsweise gem. § 141 Abs. 2 S. 1 Nr. 1 StPO der Fall, wenn der Beschuldigte einem Gericht zur Entscheidung über Haft (oder einstweilige Unterbringung) vorgeführt werden soll. Die Pflicht zur Bestellung gem. § 141 Abs. 2 S. 1 Nr. 1 StPO knüpft hier – trotz geringfügig abweichender Formulierung ("vorgeführt werden soll" statt "vorzuführen ist") – unmittelbar an den Fall notwendiger Verteidigung gem. § 140 Abs. 1 Nr. 4 StPO an.[121] Rechtspolitischer Hintergrund ist, dass der Beschuldigte nach neuer Rechtslage – fernab der in § 141a StPO geregelten Fälle – dem Haftrichter künftig nicht mehr ohne Verteidiger gegenübersitzen soll.

In § 141a StPO erlaubt es der Gesetzgeber in besonders dringlichen Fallkonstellationen, die Vernehmung abweichend von § 141 StPO auch ohne Pflichtverteidiger durchzuführen.

Wird dem Beschuldigten nicht rechtzeitig ein Pflichtverteidiger bestellt, richtet sich die Verwertbarkeit seiner Angaben in der Vernehmung nach den Grundsätzen der **Abwägungslehre**.[122]

Beispiel: Der Beschuldigte soll einen besonders schweren Raub begangen haben. Er wird vor der Vernehmung im Ermittlungsverfahren ordnungsgemäß belehrt. Er schweigt zu den Vorwürfen. Einen Antrag auf Bestellung eines Pflichtverteidigers stellt er nicht. Ein Antrag auf Erlass eines Haftbefehls kommt nicht in Betracht. Sind seine Angaben verwertbar, wenn die Vernehmung ohne Anwesenheit eines Verteidigers durchgeführt wird?

Die Angaben des Beschuldigten sind verwertbar. Ein Verstoß gegen §§ 140, 141 StPO, der Voraussetzung für ein unselbstständiges Beweisverwertungsverbot wäre, liegt nicht vor. Zwar ist ein Fall notwendiger Verteidigung gem. § 140 Abs. 1 Nr. 1 StPO (Landgericht bzw. Schöffengericht) und § 140 Abs. 1 Nr. 2 StPO (Verbrechen) gegeben. Es besteht jedoch keine Pflicht, schon im Ermittlungsverfahren einen Pflichtverteidiger zu bestellen. Der Beschuldigte selbst hat keinen Antrag gestellt. Und auch von Amts wegen ist kein Pflichtverteidiger zu bestellen. Insbesondere soll der Beschuldigte weder zum Zwecke des Erlasses eines Haftbefehls vorgeführt werden (§ 141 Abs. 2 S. 1 Nr. 1 StPO), noch ist ersichtlich, dass er sich selbst nicht verteidigen könnte (§ 141 Abs. 2 S. 1 Nr. 3 StPO).

In der Klausur werden Sie im Beispielsfall erst im Prozessgutachten darzustellen haben, dass in der Abschlussverfügung (bzw. in der Anklageschrift) ein Antrag auf Bestellung eines Pflichtverteidigers gem. § 141 Abs. 2 S. 1 Nr. 4 StPO zu stellen ist, über den das Gericht im Zwischenverfahren befinden wird.

---

121 *Böß*, NStZ 2020, 185, 187.
122 *Böß*, NStZ 2020, 185, 193.

b) Aussagen unmittelbar nach Verhaftung

72   Schon für den Zeitpunkt der Verhaftung des Beschuldigten hat der Gesetzgeber den Strafverfolgungsbehörden Belehrungspflichten auferlegt.

73   **aa)   Rechtsfolgen des Belehrungsverstoßes nach einer Verhaftung (§ 114b StPO).** Wird der Beschuldigte verhaftet, ist die im Jahr 2010 in Kraft getretene Vorschrift des **§ 114b StPO** zu beachten (bei vorläufiger Festnahme über § 127 Abs. 4 StPO anwendbar!). Danach ist der Beschuldigte bereits *im Zeitpunkt der Verhaftung* über seine Rechte zu belehren. Der Gesetzgeber bezweckt mit dieser Vorschrift die Vorverlagerung der Belehrungspflichten in der klugen Erkenntnis, dass das Risiko der Einschüchterung und Misshandlung des Beschuldigten in dem Zeitraum unmittelbar nach der Freiheitsentziehung am größten ist.[123] Die frühzeitige Belehrung soll dem Beschuldigten eine angemessene Vorbereitung auf die erste Vernehmung ermöglichen.[124]

Die Rechtsfolgen eines solchen Belehrungsverstoßes sind nicht geklärt. *Meyer-Goßner/Schmitt* lehnt ein Verwertungsverbot ab, da der Beschuldigte bei der nachfolgenden verantwortlichen Vernehmung gem. § 136 Abs. 1 S. 2 StPO ohnedies zu belehren sei.[125]

> **Hinweis:** Die Belehrungsproblematik gem. § 114b Abs. 2 StPO kann in der Klausur auch **materiell-rechtlich** abgeprüft werden. Sollte sich der Beschuldigte bei seiner vorläufigen Festnahme gegenüber den Polizeibeamten körperlich zur Wehr setzen, folgt aus der fehlenden Belehrung gem. § 127 Abs. 4 i.V.m. § 114b Abs. 2 StPO die Rechtswidrigkeit dieser Diensthandlung, sodass eine Bestrafung gem. § 113 StGB mangels objektiver Bedingung der Strafbarkeit ausscheiden dürfte.[126]

74   **bb)   Rechtsfolgen eines Belehrungsverstoßes über konsularische Hilfe.** In der Rechtsprechung sind Fälle zu entscheiden gewesen, in denen **Beschuldigte ausländischer Staatsangehörigkeit** von den Strafverfolgungsbehörden nach einer Verhaftung nicht über die Möglichkeit konsularischer Hilfe belehrt worden sind. Gem. **§ 114b Abs. 2 S. 4 StPO (Art. 36 Abs. 1 lit. b S. 3 des Wiener Übereinkommens über konsularische Beziehungen (WÜK))** ist der ausländische Beschuldigte nach einer Verhaftung darüber zu belehren, dass mit seinem Einverständnis die jeweilige konsularische Vertretung informiert wird und er ggf. Hilfeleistung von dort bekommen kann.

Nach BVerfG kommt je nach Gewicht und Umfang der Einschränkungen der Verteidigungsmöglichkeiten des Angeklagten ein Beweisverwertungsverbot in Betracht.[127] Im Rahmen der Abwägung sollen die folgenden Umstände von Bedeutung sein: der Beschuldigte wurde ordnungsgemäß nach §§ 163a, 136 Abs. 1 StPO belehrt; das

---

123   Vgl. BT-Drs 16/11644, 13.
124   BT-Drs 16/11644, 17.
125   *Meyer-Goßner/Schmitt*, § 114b Rn. 10; a.A. *Weider*, StV 2010, 102, 103.
126   Vgl. OLG Hamm, NStZ 2013, 62 (Kein § 113 StGB bei Verstoß gegen die Belehrungspflicht gem. § 163b Abs. 1 i.V.m. § 163a Abs. 4 S. 1 StPO).
127   BVerfG NJW 2011, 207, 209 f.

(Nicht-)Vorliegen ausländerspezifischer Verteidigungsdefizite; sprachliche Verständigungsschwierigkeiten sowie die Wiederholung der Angaben in der ersten polizeilichen Vernehmung. Auch die Ihnen bereits bekannten Abwägungskriterien wie die Schwere des Delikts sowie die Frage nach einer bewussten Umgehung der Belehrungspflicht sind bedeutsam.[128]

c) Schweigen des Beschuldigten nach ordnungsgemäßer Vernehmung

Liegt nach den oben dargestellten Grundsätzen kein Verwertungsverbot der Einlassung des Beschuldigten vor, kann sie der Beweiswürdigung im A-Gutachten zugrunde gelegt werden.   **75**

Für das **B-Gutachten** bzw. für die **Anklageschrift** (unter „Beweismittel") ist indes die Frage bedeutsam, wie die Aussage des Beschuldigten in die Hauptverhandlung eingeführt werden kann, wenn er nach ordnungsgemäßer Vernehmung **schweigt** bzw. sein Schweigen in der Hauptverhandlung angekündigt hat.

Unproblematisch können die **Verhörspersonen** (Polizist, Staatsanwalt, Richter) in der Hauptverhandlung als Zeuge vernommen werden. Problematischer ist demgegenüber deren Ersetzung durch **Verlesung des Vernehmungsprotokolls** (Urkundenbeweis). Diese ist wegen des Vorrangs des Personal- vor dem Urkundenbeweis (sog. Unmittelbarkeitsgrundsatz, § 250 S. 2 StPO) grundsätzlich verboten. Allerdings kennt das Gesetz eine wichtige Ausnahme. Das Geständnis des Beschuldigten vor dem Richter darf gem. **§ 254 Abs. 1 StPO** verlesen bzw. die Bild-Ton-Aufzeichnung vorgeführt werden. Das gilt auch dann, wenn der Beschuldigte sich geweigert hat, das Protokoll zu genehmigen und zu unterschreiben.[129]   **76**

Das bedeutet im Umkehrschluss, dass die geständigen Einlassungen des Beschuldigten gegenüber Beamten der **Polizei** oder der **Staatsanwaltschaft nicht verlesen** werden dürfen. Hier verbleibt nur die Vernehmung der Verhörsperson als Zeuge.

Erklärungen des Beschuldigten in **Briefen** oder in anderen **Schriftstücken** können über § 249 StPO – auch gegen seinen Willen – verlesen werden. An dieser Stelle müssen Sie aber aufpassen: In manchen Examensklausuren wird von Ihnen die Abgrenzung einer schriftlichen Äußerung des Beschuldigten von einem **Verteidigerschreiben** gefordert sein. Hat der Verteidiger Äußerungen des Beschuldigten schriftlich festgehalten, können diese wegen des Vorrangs des Personal- vor dem Urkundenbeweis gem. § 250 S. 2 StPO nicht durch die Verlesung der Niederschrift verwertet werden. Denn es handelt sich bei der Wiedergabe um die Erklärung des Verteidigers; er schreibt nieder, was er als Äußerung des Beschuldigten wahrgenommen hat.[130] Der Verteidiger wäre deshalb als Zeuge zu vernehmen.[131] Macht er – wie regelmäßig – von seinem Zeugnisverweigerungsrecht (§ 53 Abs. 1 Nr. 2 StPO) Gebrauch, wird das Schreiben insgesamt nicht verwertbar sein. Anders wäre es nur zu   **77**

---

128   BeckOK StPO/*Krauß* § 114b Rn. 15-20.
129   BVerfG NStZ 2006, 46.
130   Siehe OLG Koblenz, Beschl. v. 12.5.2016 – 2 OLG 4 Ss 54/16, BeckRS 2016, 13084, beck-online.
131   Vgl. BGH NJW 1993, 3337.

beurteilen, wenn der Beschuldigte sich des Verteidigers lediglich als „**Schreibhilfe**" bedient hätte.[132]

Beispiel (angelehnt an OLG Koblenz, StV 2017, 166): Die Klausurakte enthält ein Schreiben des Verteidigers an den Geschädigten eines Diebstahls, in dem er für den Beschuldigten erklärt, dieser bedaure den Vorfall zutiefst und wolle sich für sein Verhalten entschuldigen; „namens und im Auftrag" des Beschuldigten werde mitgeteilt, dass dieser die Tatbegehung dem Grunde nach nicht bestreite.

Kann das Schreiben als Urkunde verwertet werden?

Lösung: Nein, denn es handelt sich nicht um ein Schriftstück des Beschuldigten, welches grundsätzlich auch gegen seinen Willen als Urkunde verlesen werden dürfte. OLG Koblenz: *„Anhaltspunkte dafür, dass der Angeklagte sich des Verteidigers nur „als Schreibhilfe" bedient hat (...), bestehen nicht. Es handelte sich um die nach Gewährung von Akteneinsicht an den beauftragten Verteidiger „namens und im Auftrag des Angeklagten" erfolgte **pauschale Mitteilung**, dass dieser die Tatbegehung dem Grunde nach nicht bestreite, bei der ein Einfluss von eigenen Überlegungen des Verteidigers oder Missverständnissen jedenfalls nicht auszuschließen ist (...) Ebenso wenig ist durch eine Erklärung des Angeklagten oder des Verteidigers klargestellt worden, dass der Angeklagte die in den Schriftsätzen ... enthaltenen Äußerungen als eigene Einlassung verstanden wissen wollte (...)."* Da es sich somit um Erklärungen des Verteidigers und nicht des Beschuldigten handelt, verstieße die Verlesung gegen den Unmittelbarkeitsgrundsatz gem. § 250 S. 2 StPO.

2.   Äußerungen von § 52-Zeugen

78   Gem. §§ 52 ff. StPO haben die dort genannten Personengruppen das Recht, das Zeugnis zu verweigern. Das Zeugnisverweigerungsrecht befreit von der Aussagepflicht hinsichtlich ganzer prozessualer Taten und nicht nur – wie das Auskunftsverweigerungsrecht gem. § 55 StPO – bezogen auf einzelne belastende Fragen.

Die ersten Verständnisprobleme beginnen schon bei der Frage, wem das Zeugnisverweigerungsrecht zusteht. Mag das bei Ehepartnern und Verlobten noch einfach zu beurteilen sein, wird es bei Personen, die mit dem Beschuldigten *in der Seitenlinie bis zum dritten Grad* (§ 52 Abs. 1 Nr. 3 StPO) verwandt sind, unerwartet knifflig.

Beispiel: Die Tochter des Onkels des Beschuldigten sagt bei der Polizei nach einem Streit umfangreich zu Lasten des Beschuldigten aus. Kurz nach der Vernehmung vertragen sich die Streithähne wieder, sodass die Tochter Gebrauch von „ihrem" Zeugnisverweigerungsrecht macht und künftig schweigen möchte. Kann ihre Aussage verwertet werden?

Lösung: Ja, § 252 StPO ist nicht anwendbar. Der Cousine steht kein Zeugnisverweigerungsrecht gem. § 52 Abs. 1 Nr. 3 1. Var. StPO zu. Zwar ist sie in der Seitenlinie mit dem Beschuldigten verwandt (vgl. § 1589 Abs. 1 S. 2 BGB), allerdings im vierten Grad. Denn die Anzahl der vermittelnden Geburten (§ 1589 Abs. 1 S. 3 BGB) zwischen ihr und dem Beschuldigten beträgt vier (z.B. Mutter des Beschuldigten (1. Grad) – Großeltern des Beschuldigten (2. Grad) – Onkel des Beschuldigten (3. Grad) – Cousine als Tochter des Onkels (4. Grad)).

---

132   Vgl. BGHSt 39, 305, 307; NStZ 2002, 555; siehe auch BGH 2 StR 69/19, Urteil v. 11.3.2020, Rn. 22 ff.

Der BGH hat zuletzt entschieden, dass eine nach **islamischem Recht** geschlossene Ehe **keine Ehe** i.S.d. § 52 Abs. 1 Nr. 1 StPO darstellt. Das Zeugnisverweigerungsrecht setzt danach eine Ehe voraus, die in der vorgeschriebenen Form geschlossen worden ist (Art. 13 Abs. 4 S. 1 EGBGB). Auch scheidet eine analoge Anwendung des § 52 StPO aus sowie deren Umdeutung in ein Verlöbnis.[133]

Der § 52-Zeuge ist zu Beginn der Vernehmung über sein Schweigerecht zu belehren, § 52 Abs. 3 S. 1 StPO. Dem Zeugen muss das Schweigerecht deutlich werden, sodass er das Für und Wider seiner Entscheidung abwägen kann.[134] Dabei kann schon der Hinweis auf das Schweigerecht mit der Formulierung genügen, „falls" ihm ein Zeugnisverweigerungsrecht zustünde.[135] Ist jedoch erkennbar, dass der Zeuge sein Zeugnisverweigerungsrecht nicht auf sich bezieht (z.B. die Stieftochter des Beschuldigten glaubt nicht mit diesem verschwägert zu sein), liegt ein Belehrungsfehler vor.[136]

Der Begriff der Vernehmung gem. § 52 Abs. 3 S. 1 StPO meint die Vernehmung zur Sache gem. § 69 StPO. Abgrenzen müssen Sie die Vernehmung eines § 52-Zeugen auch hier von der **Spontanäußerung** einerseits und von der nur **informatorischen Befragung** andererseits. Insbesondere stellt die informatorische Befragung keine Vernehmung im eigentlichen Sinn dar und löst deshalb auch keine Belehrungspflichten gem. § 52 Abs. 3 StPO aus.[137] Beachten Sie aber § 252 StPO, dessen Regelungsgehalt auch Aussagen bei informatorischer Befragung erfasst.

a) Rechtsfolgen bei Verstoß gegen die Belehrungspflicht

Haben die Strafverfolgungsbehörden gegen ihre Belehrungspflicht aus § 52 Abs. 3 S. 1 StPO verstoßen, folgt daraus nach ständiger Rechtsprechung des BGH ein **Beweisverwertungsverbot** der Aussage. Dies hat der BGH mit Hilfe der seinerzeit herrschenden sog. **Rechtskreistheorie** begründet.[138] Unverwertbar sind danach Beweismittel, die unter Verletzung von Vorschriften erlangt worden sind, die gerade dem Schutz des Beschuldigten zu dienen bestimmt sind und nicht etwa bloß Ordnungsvorschriften darstellen. Das ist bei § 52 StPO der Fall, da diese Vorschrift die Familienbande zwischen dem Beschuldigten und dem § 52-Zeugen schützt. § 52 StPO bewahrt den Familienfrieden, der auch dem Beschuldigten zugutekommt. **79**

Auch hier macht der BGH zwei wichtige **Ausnahmen**:[139]

- Zeuge kannte das Schweigerecht
- Zeuge hätte auch bei Kenntnis ausgesagt: In diesem Fall ist der Belehrungspflichtverstoß nicht kausal für die Aussage des Zeugen, sodass ein Urteil auf dieser Rechtsverletzung nicht beruht und deshalb nicht revisibel ist

---

133 BGH, Beschl. v. 10.10.2017 – 5 StR 379/17.
134 BGHSt 9, 195, 197.
135 BGHSt 32, 25, 30 f.
136 BGH 3 StR 442/09 Rn. 2 f.
137 *Meyer-Goßner/Schmitt*, Einl. Rn. 79.
138 BGHSt 14, 159, 160.
139 *Meyer-Goßner/Schmitt*, § 52 Rn. 32.

80   **Vertiefung: Weitere Schutzbestimmungen im Kontext des § 52 StPO**

1. Beschlagnahme: Die besondere Schutzbedürftigkeit der Beziehung zwischen dem Beschuldigten und dem § 52-Zeugen erstreckt sich auch auf ihren Schriftverkehr: *„Denn was der Mund nicht zu offenbaren braucht, darf der Hand nicht entrissen werden.“*[140] Deshalb ordnet der Gesetzgeber in § 97 Abs. 1 Nr. 1 StPO an, dass schriftliche Mitteilungen zwischen dem Beschuldigten und dem nach § 52 StPO zeugnisverweigerungsberechtigten Zeugen grundsätzlich **beschlagnahmefrei** sind. Werden solche Mitteilungen gleichwohl beschlagnahmt, dürfen die Erkenntnisse nach ständiger Rechtsprechung des BGH (BGHSt 18, 227) nicht verwertet werden. Bitte beachten Sie aber: Das Beweiserhebungs- und verwertungsverbot setzt nach § 97 Abs. 2 S. 1 StPO voraus, dass sich die schriftliche Mitteilung **im Gewahrsam des § 52-Zeugen** befindet.

Beispiele:

* Der Beschuldigte schreibt seinem Vater einen Brief, in dem er die Tat gesteht. Der Brief darf bei dem Vater gem. § 97 Abs. 1 Nr. 1 StPO nicht beschlagnahmt werden. Geschieht das rechtswidriger Weise doch, darf der Inhalt des Briefes nicht verwertet werden. **Aber Achtung**: Sollte der Vater – wie bereits in einer Examensklausur abgeprüft – plötzlich versterben, endet das Beschlagnahmeverbot.[141] Das gilt auch dann, sollte nach dem Tod nunmehr die Mutter, die ebenfalls zeugnisverweigerungsberechtigt ist, Gewahrsamsinhaberin des Briefes geworden sein. Denn das **Beschlagnahmeverbot endet** beim § 52-Zeugen (nicht beim § 53-Zeugen!) auch dann, sollte der Gewahrsamsnachfolger selbst weigerungsberechtigt sein.[142] Geschützt wird also nur das Vertrauensverhältnis zwischen dem Beschuldigten und dem § 52-Zeugen, demgegenüber der Beschuldigte die schriftlichen Angaben gemacht hat. Das war im Beispiel nur der Vater, nicht die Mutter
* Wird der Brief des in Untersuchungshaft befindlichen Beschuldigten an seine Verlobte in der **Postkontrolle** (siehe § 119 Abs. 1 S. 2 Nr. 2, 3. Var. StPO) der JVA abgefangen, greift das Beschlagnahmeverbot mangels Gewahrsams der Verlobten noch nicht. Anders wäre es zu beurteilen, wenn der Brief an den Verteidiger des Beschuldigten adressiert gewesen wäre (siehe dazu unten Rn. 88).

Das Beweiserhebungs- und verwertungsverbot besteht gem. § 97 Abs. 2 S. 2 StPO im Übrigen nicht, wenn der § 52-Zeuge selbst der zu ermittelnden Straftat bzw. der Begünstigung, Strafvereitelung oder Hehlerei verdächtig ist. Auch Tatwerkzeuge und durch die Tat hervorgebrachte Gegenstände (z.B. der Bekennerbrief[143]) können ohne Einschränkungen beschlagnahmt werden, § 97 Abs. 2 S. 2 StPO.

2. Wohnraumüberwachung/Online-Durchsuchung: Die besondere Schutzbedürftigkeit des von § 52 StPO geschützten Vertrauensverhältnisses greift auch § 100d Abs. 5 S. 2 StPO im Fall der **Wohnraumüberwachung** und der **Online-Durchsuchung** auf: Danach können in der Wohnung heimlich aufgenommene Gespräche zwischen dem Beschuldigten und etwa seinem Bruder nur dann verwertet werden, wenn dies unter Berücksichtigung der Bedeutung des zugrunde liegenden Vertrauensverhältnisses *nicht außer Verhältnis* zum Strafverfolgungsinteresse steht.

---

140   *Dünnebier*, Das Problem einer Sonderstellung der Presse im Strafverfahren, S. 39.
141   *Gerhold*, in: BeckOK StPO, 37. Ed. 1.7.2020, StPO § 97 Rn. 30.
142   *Hauschild*, in: MüKoStPO, § 97 Rn. 26.
143   *Meyer-Goßner/Schmitt*, § 97 Rn. 23.

3. Belehrung vor **körperlicher Untersuchung**: Soll ein § 52-Zeuge zu Beweiszwecken körperlich untersucht oder soll ihm Blut entnommen werden, hat er gem. § 81c Abs. 3 S. 1 StPO das Recht, diese Maßnahmen zu verweigern. Darüber muss er gem. §§ 81c Abs. 3 S. 2, 52 Abs. 3 S. 1 StPO belehrt werden. Die unterlassene oder fehlerhafte Belehrung über das Weigerungsrecht führt bei Kausalität zwischen Belehrungsmangel und Durchführung der Zwangsmaßnahme zu einem Verwertungsverbot.[144]

b) Schweigen des § 52-Zeugen nach ordnungsgemäßer Belehrung

Wurde der § 52-Zeuge ordnungsgemäß belehrt, ist gleichwohl besonderes Augenmerk auf die Verwertbarkeit seiner Aussage zu legen. Seine Aussage ist *nicht mehr* verwertbar, wenn er nach der Vernehmung von seinem Zeugnisverweigerungsrecht Gebrauch macht. Der Verwertung steht die Vorschrift des **§ 252 StPO** entgegen. § 252 StPO schützt den zeugnisverweigerungsberechtigten Zeugen. Dieser soll bis zur Hauptverhandlung „Herr seiner Aussage" bleiben, indem er seine Aussage verändern und dessen Eingang in die Hauptverhandlung verhindern kann.[145] Zwar findet § 252 StPO erst in der Hauptverhandlung Anwendung, dennoch ist sein Regelungsgehalt bereits im Ermittlungsverfahren – und damit in der typischen Klausursituation – zu berücksichtigen.[146]

81

aa) Regelungsgehalt des § 252 StPO. Der vollumfängliche Regelungsgehalt des § 252 StPO erschließt sich nicht allein durch schlichte Gesetzeslektüre. Denn auf den ersten Blick statuiert § 252 StPO nur ein *Verlesungs*verbot von Urkunden. Dieser Regelungsgehalt folgt aber bereits aus dem Unmittelbarkeitsgrundsatz gem. § 250 S. 2 StPO. Um der Vorschrift eigenständige Bedeutung beizumessen, ordnet § 252 StPO nach h.M. über das Verlesungsverbot hinaus ein Beweis*verwertungs*verbot an. Dadurch wird nicht nur der Urkundenbeweis in Form der Verlesung des Vernehmungsprotokolls ausgeschlossen (= Verlesungsverbot), sondern im Grundsatz auch verhindert, dass die Aussage des zeugnisverweigerungsberechtigten Zeugen (ZVR-Zeugen) durch die Vernehmung seiner Verhörsperson Eingang in die Hauptverhandlung findet, einschließlich des Vorhalts[147] aus dem Vernehmungsprotokoll und des Vorspielens einer Videovernehmung gem. §§ 58a, 255a Abs. 1 StPO.[148] Dies gilt selbstverständlich nicht, wenn der § 52-Zeuge der Verwertung zustimmt.[149]

82

▶ **Merke:** § 252 StPO verbietet
- das Verlesen (auch richterlicher) Vernehmungsprotokolle
- die Vernehmung der Verhörsperson (Staatsanwalt, Polizeibeamte)
- den Vorhalt aus dem Vernehmungsprotokoll

Das Beweisverwertungsverbot entfaltet auch *ohne Widerspruch* gegen die Verwertung Wirkung.

---

144 Siehe nur BGHSt 12, 235, 243 = NJW 1959, 445.
145 BGHSt 45, 203, 208.
146 *Meyer-Goßner/Schmitt*, § 252 Rn. 7.
147 Beim Vorhalt wird nur die Erwiderung des Zeugen verwertet, nicht der Vorhalt selbst.
148 BGH NJW 2000, 1274.
149 *Meyer-Goßner/Schmitt*, § 252 Rn. 16.

83 **bb) Anwendungsbereich des § 252 StPO.** § 252 StPO erfasst grundsätzlich nur Aussagen des zeugnisverweigerungsberechtigten Zeugen im Rahmen seiner „Vernehmung", sodass Spontanäußerungen (Äußerungen „aus freien Stücken", BGHSt 1, 373) verwertbar bleiben.

Klausurbeispiel: Die Zeugin ruft bei der Notrufstelle der Polizei an und teilt mit, dass sie soeben von ihrem Ehemann heftig verprügelt worden sei. PK Leven sagt ihr im Telefongespräch sofortige Hilfe zu und stellt Fragen zu ihrem aktuellen Aufenthaltsort. Die Zeugin gibt daraufhin ihre Wohnanschrift an. Ist ihre Aussage zulasten des beschuldigten Ehemannes verwertbar, wenn sie fortan schweigt und Gebrauch von ihrem Zeugnisverweigerungsrecht macht?

Lösung: Ja, § 252 StPO steht nicht entgegen, denn nach ständiger Rechtsprechung handelt es sich bei einem **Notruf** im Ausgangspunkt um keine Vernehmung gem. § 252 StPO, sondern um eine spontane Bekundung aus freien Stücken und ein Verlangen nach behördlichem Einschreiten (OLG Hamm, NStZ 2012, 53 m.w.N.). Dem den Notruf entgegennehmenden Polizeibeamten kam es bei seinen kurzen Fragen an die Zeugin ausschließlich darauf an, abzuklären, ob ein Notfall vorlag, eine behördliche Hilfeleistung erforderlich war und wo sich Opfer und mutmaßlicher Täter zum Zeitpunkt des Anrufs aufhielten. Einzelheiten zum Tatgeschehen wurden gerade nicht abgefragt. Auch liegt kein Verstoß gegen die Belehrungspflicht gem. § 52 Abs. 3 S. 1 StPO vor, da eine Belehrung mangels „Vernehmung" nicht erforderlich war. Deshalb kann ihre Aussage (durch Vernehmung des PK Leven als Zeugen) verwertet werden.

Für Nutzer des Onlinekurses: Das Thema wird im Kursfall „§ 252 StPO" behandelt.

Bitte beachten Sie, dass der Vernehmungsbegriff des § 252 StPO weiter ist als der Vernehmungsbegriff in § 52 Abs. 3 StPO:

§ 252 StPO erfasst auch die sog. informatorische Befragung.[150] Gerade die bei einer informatorischen Befragung getätigten Aussagen gefährden u.a. den Familienfrieden und dürfen unter den Voraussetzungen des § 252 StPO nicht verwertet werden.

Verwertbar bleibt die Aussage des § 52-Zeugen, wenn er von einem **Zivil- oder Strafrichter** vernommen wurde. Für die so erlangten Angaben macht der BGH eine klausurrelevante **Ausnahme vom Beweisverwertungsverbot** des § 252 StPO. Freilich muss auch in dieser Situation der Unmittelbarkeitsgrundsatz gewahrt bleiben, sodass die Aussage nicht etwa durch die Verlesung des richterlichen Vernehmungsprotokolls (Urkundenbeweis) in die Hauptverhandlung eingeführt werden darf. Der BGH erlaubt stattdessen den Zeugenbeweis in Gestalt der **Vernehmung des Ermittlungsrichters**. Dies begründet er u.a. mit der verfahrensrechtlich hervorgehobenen Stellung des Richters (z.B. § 168c StPO: Anwesenheitsrecht der Verfahrensbeteiligten bei richterlicher Vernehmung) und dem ihm deshalb entgegengebrachten Vertrauensbonus.[151] Der § 52-Zeuge, der bereits gegenüber einem Richter in einer Situation ausgesagt hat, die einer („vorweggenommenen") Hauptverhandlung ähnelt, soll die prozessuale Verwertbarkeit seiner Aussage nicht mehr bestimmen können.

Verwertbar ist die Aussage aber nur dann, wenn der Richter seiner verfahrensrechtlich hervorgehobenen Stellung gerecht geworden ist: Er muss den Zeugen **ordnungs-**

---

150 BGHSt 29, 230; *Meyer-Goßner/Schmitt*, § 252 Rn. 14.
151 Zuletzt etwa BGHSt 49, 72, 77.

gemäß über sein Zeugnisverweigerungsrecht gem. § 52 Abs. 3 S. 1 StPO belehrt haben. Nur unter dieser und den nachstehend dargestellten Voraussetzungen kann der Ermittlungsrichter als Zeuge vernommen werden.

Voraussetzungen der Vernehmung des Richters als Verhörsperson (Ausnahme von § 252 StPO):[152]

84

1. Zeuge wurde durch den Richter seinerzeit **als Zeuge** (nicht als Beschuldigter) vernommen.

2. Zeugnisverweigerungsrecht hat **im Zeitpunkt der früheren Vernehmung** bereits bestanden.

Achtung! Nach herrschender Meinung ist die Aussage eines § 52-Zeugen nicht verwertbar, wenn das Zeugnisverweigerungsrecht erst *nach* der Vernehmung entstanden ist, etwa weil sich der Beschuldigte mit der Freundin nach ihrer Zeugenaussage verlobt hat.[153] Der *5. Strafsenat* des BGH hat in einem *obiter dictum* daran Zweifel angemeldet und erwogen, wegen der fehlenden Schutzbedürftigkeit des § 52-Zeugen im Fall des erst nachträglich entstandenen Zeugnisverweigerungsrechts kein Verwertungsverbot anzunehmen.[154]

3. Zeuge wurde durch Richter gem. § 52 Abs. 3 StPO **ordnungsgemäß** belehrt.

Beachte:

Ist die fehlende Belehrung des Zeugen darauf zurückzuführen, dass er seine zeugnisverweigerungsberechtigte Stellung (z.B. die Freundin des Beschuldigten verschweigt, dass die beiden verlobt sind) bei der Vernehmung **verschwiegen** hat, hindert dies die Vernehmung des Ermittlungsrichters nicht.[155]

Zum Inhalt der Belehrung gehört *nicht* der Hinweis, dass die Angaben des Zeugen vor dem Ermittlungsrichter ohne seine Zustimmung in der Hauptverhandlung verwertet werden können; einer solchen **„qualifizierten" Belehrung** bedarf es nicht.[156]

4. Zeuge hat seinerzeit **wirksam** (problematisch z.B. bei Minderjährigen) auf die Ausübung seines Schweigerechts verzichtet.

Bei Briefen an den Beschuldigten (beachte aber ggf. das Beschlagnahmeverbot gem. § 97 Abs. 1 Nr. 1 StPO) bleiben die Äußerungen des Zeugen verwertbar. Grundsätzlich unterliegen **schriftliche Mitteilungen** eines Zeugen nicht dem Beweisverwertungsverbot des § 252 StPO.[157]

Etwas anderes gilt jedoch für Schriftstücke, die der Zeuge im Zusammenhang mit einer Vernehmung erstellt oder übergeben und zum **Bestandteil seiner Aussage im Rahmen einer Vernehmung** gemacht hat. Entscheidend ist, ob die Motivation zur Einreichung des Schriftstücks durch amtliche Personen hervorgerufen bzw. beeinflusst wurde und ein inhaltlicher und zeitlicher Zusammenhang mit der Vernehmung besteht.[158] Das gilt nach BGH auch für belastende **Tonbandaufnahmen**, die der

---

152 Darstellung nach *Haller/Conzen*, Rn. 605.
153 BGHSt 27, 231, 232.
154 In diesem Sinne nun auch LG Berlin, NStZ 2015, 422.
155 BGH 2 StR 445/02.
156 BGH GSSt 1/16.
157 Vgl. *Meyer-Goßner/Schmitt*, § 252 Rn. 9.
158 Vgl. BGH StV 2005, 536.

§ 52-Zeuge erstellt und im Rahmen seiner polizeilichen Vernehmung verschriftet übergeben hat.[159]

Ist der § 52-Zeuge zwischenzeitlich **verstorben**, ist seine Aussage selbstverständlich verwertbar. In dieser Situation besteht keine Konfliktlage zum Angeklagten mehr, vor der §§ 252, 52 StPO schützen sollen.

85 Die Rechtsprechung wendet § 252 StPO in zwei wichtigen Klausursituationen **analog** an. Hat der § 52-Zeuge Angaben gegenüber einem **Sachverständigen** gemacht, findet § 252 StPO eingeschränkt Anwendung.[160] Es ist zu differenzieren:

- Äußerungen des Zeugen zu *Befundtatsachen* (= Angaben, die zur eigentlichen Untersuchung gehören; auch die vom Sachverständigen gefertigten Lichtbilder der Verletzungen des Opfers[161]) fallen nicht unter § 252 StPO.
- Äußerungen des Zeugen zu *Zusatztatsachen* (= Angaben, die nicht aufgrund der Sachkunde des Sachverständigen erlangt wurden) stehen einer Vernehmung gleich und fallen unter § 252 StPO.

Auch wendet der BGH § 252 StPO entsprechend an, wenn der § 52-Zeuge vernehmungsähnlich durch einen **Verteidiger** „vernommen" worden ist.[162]

3. Äußerungen von § 53/§ 53a-Zeugen

86 § 53/§ 53a-Zeugen haben kraft Berufes ein Zeugnisverweigerungsrecht bezüglich solcher Gesprächsinhalte, die ihnen *in ihrer Eigenschaft* als Berufsträger anvertraut worden sind. Im Gegensatz zum § 52-Zeugen müssen sie nicht über ihr Schweigerecht belehrt werden, denn der Gesetzgeber erwartet, dass die § 53/§ 53a-Zeugen aufgrund ihrer beruflichen Stellung Kenntnis von ihrem Zeugnisverweigerungsrecht (bzw. sogar ihrer -pflicht, vgl. § 203 StGB) haben. Ob der § 53-Zeuge allerdings von seinem Zeugnisverweigerungsrecht auch tatsächlich Gebrauch macht, obliegt seiner freien Entscheidung.[163]

Beispiel: Der Beschuldigte soll seine Freundin verprügelt haben. Arzt A behandelt die Freundin und stellt erhebliche Gewalteinwirkungen fest. Die Freundin entbindet A nicht von seiner ärztlichen Schweigepflicht. Gleichwohl kündigt A an, in der Hauptverhandlung aussagen zu wollen. Seine Aussage wäre verwertbar. Steht einem Arzt nach § 53 Abs. 1 Nr. 3 StPO ein Zeugnisverweigerungsrecht zu, so obliegt es ausschließlich seiner freien Entscheidung, ob er sich nach Abwägung der widerstreitenden Interessen zu einer Zeugenaussage entschließt. Lehnt der Patient es ab, den Arzt von der Schweigepflicht zu entbinden, oder widerruft er eine frühere Entbindungserklärung, so hat er keinen strafprozessualen Anspruch darauf, dass der Arzt die Aussage verweigert. Das gilt auch dann, wenn sich dieser durch seine Angaben nach § 203 Abs. 1 Nr. 1 StGB strafbar macht. Auch dann bleibt die Aussage grundsätzlich verwertbar.[164]

---

159 BGH NJW-Spezial 2012, 728.
160 *Meyer-Goßner/Schmitt*, § 252 Rn. 10.
161 OLG Hamm, NStZ 2012, 53; siehe auch *Putzke*, ZJS 2012, 838.
162 Vgl. BGH NStZ 2001, 49.
163 Vgl. BGH NStZ 2018, 362.
164 BGH NStZ 2018, 362, 363; vgl. auch BGH NJW 1956, 599; a.A. *Beulke/Swoboda*, Rn. 462 m.w.N.

§ 252 StPO findet auch auf die Aussagen eines § 53/§ 53a-Zeugen Anwendung. Einschränkend ist zu beachten, dass § 252 StPO einer Verwertung der Aussage nicht entgegensteht, wenn der § 53/§ 53a-Zeuge *im Zeitpunkt der Vernehmung* von seiner **Schweigepflicht entbunden** war.[165]

Exkurs: Auch das **Bankgeheimnis** kann Klausurrelevanz besitzen. Wenn ein Angestellter   **87**
der Sparkasse (= öffentlich-rechtliches Institut) als Zeuge vernommen wurde und unter Hinweis auf das „Bankgeheimnis" später das Zeugnis verweigert, stellt sich die Frage, ob dessen Angaben verwertbar sind. Das ist der Fall, denn § 252 StPO findet mangels Zeugnisverweigerungsrechts keine Anwendung. Ein Angestellter der (öffentlich-rechtlichen) Sparkassen ist in § 53 StPO nicht aufgeführt und hat folglich kein Zeugnisverweigerungsrecht.[166] Auch bedarf es keiner Aussagegenehmigung gem. § 54 Abs. 1 StPO, da Angestellte eines öffentlich-rechtlichen Kreditinstituts keine *„anderen Personen des öffentlichen Rechts"* i.S.d. § 54 StPO sind.[167]

Übrigens: *Öffentlich-rechtliche* Kreditinstitute (Bundesbank, Landesbanken, Sparkassen) sind den Strafverfolgungsbehörden gem. **§ 161 Abs. 1 S. 1 StPO** zur Auskunft verpflichtet. Demgegenüber sind *Privatbanken* von dieser Verpflichtung nicht erfasst. Es ist aber Praxis, dass Privatbanken bei Vorlage eines Durchsuchungs- und Beschlagnahmebeschlusses Auskünfte „freiwillig" erteilen, um die Beschlagnahme von Geschäftsunterlagen und die Durchsuchung ihrer Geschäftsräume abzuwenden.[168]

Von Klausurrelevanz ist im Übrigen die Vorschrift des **§ 160a StPO**, die ausdrückli-   **88**
che Beweisverwertungsverbote bei Ermittlungsmaßnahmen gegen §§ 53/53a-Zeugen enthält:

● § 160a StPO dient der Absicherung des Zeugnisverweigerungsrechts der Berufsgeheimnisträger. Soweit diese ihr Zeugnis verweigern dürfen, sind Ermittlungsmaßnahmen nur eingeschränkt zulässig und gegenüber **Geistlichen, Verteidigern** und **Rechtsanwälten** sogar absolut unzulässig. Der Gesetzgeber verbietet in § 160a Abs. 1 S. 2 StPO alle durch die Zwangsmaßnahme erlangten Erkenntnisse zu verwenden, soweit sie dem Zeugnisverweigerungsrecht unterliegen würden. Praktisch wird die Anwendung des § 160a Abs. 1 S. 2 StPO etwa bei der **Beschlagnahme von Verteidigerpost**, da § 97 StPO als *lex specialis* keine eigene Beweis*verwertungs*regelung enthält.[169] Allerdings soll § 160a StPO künftig reformiert werden; danach soll § 160a StPO auf Maßnahmen nach den §§ 94, 95, 100b, 100c, 100g, 102, 103 und 110 keine Anwendung finden (vgl. § 160a Abs. 5 StPO-E).[170] Bei Verstößen gegen Beweiserhebungsverbote, etwa bei der unzulässigen Beschlagnahme von Verteidigerpost, käme dann ein unselbstständiges Beweisverwertungsverbot in Betracht. Denn Verteidigerpost ist gem. § 97 Abs. 1 Nr. 1 StPO beschlagnahmefrei, wenn sie sich gem. § 97 Abs. 2 S. 1 StPO im Gewahrsam des Verteidigers befindet. Gleichwohl beschlagnahmte schriftliche Mitteilungen dürfen nicht verwertet werden.

---

165 *Meyer-Goßner/Schmitt*, § 252 Rn. 3.
166 *Meyer-Goßner/Schmitt*, § 53 Rn. 3.
167 *Meyer-Goßner/Schmitt*, § 54 Rn. 10.
168 Siehe nur durch MüKo-StPO/*Kölbel*, § 161 Rn. 39-40.
169 *Meyer-Goßner/Schmitt*, § 97 Rn. 50.
170 Vgl. RegE eines Gesetzes zur Stärkung der Integrität in der Wirtschaft, S. 111.

Wichtig: Der BGH dehnt den Anwendungsbereich des § 97 Abs. 2 S. 1 StPO in Anbetracht des in § 148 StPO geregelten **Grundsatzes der freien Verteidigung** aus und erklärt schriftliche Mitteilungen des Beschuldigten an den Verteidiger schon dann für beschlagnahmefrei, wenn der Beschuldigte sie noch nicht abgesandt hat.[171] Beschlagnahmefreiheit besteht auch, wenn der Beschuldigte – ohne Verteidiger – die Unterlagen erkennbar zu seiner Verteidigung angefertigt hat.[172]

- Soweit sich Ermittlungsmaßnahmen gegen **Journalisten** und andere in § 53 Abs. 1 S. 1 Nr. 3 bis 3b und Nr. 5 StPO genannte Personengruppen richten, gilt es gem. **§ 160a Abs. 2 S. 3 StPO** zwischen dem Strafverfolgungsinteresse und den Beschuldigteninteressen im Rahmen einer Verhältnismäßigkeitsprüfung abzuwägen. § 160a Abs. 2 S. 1 StPO ist nichts anderes als die legislatorische Fixierung der Abwägungslehre des BGH. Teilweise hat der Gesetzgeber die erforderliche Abwägung schon vorweggenommen, wenn es in § 160a Abs. 2 S. 1 2. Hs StPO heißt, dass in der Regel das Strafverfolgungsinteresse gegenüber dem Schutz der Beschuldigtenrechte überwiegt, soweit das Verfahren eine *Straftat von erheblicher Bedeutung* betrifft.

- Auch hier ist die **Einschränkung des Beweisverwendungsverbotes gem. § 160a Abs. 4 StPO** zu beachten, soweit der § 53-Zeuge selbst wegen der verfolgten Straftat bzw. wegen einer Begünstigung, Strafvereitelung oder Hehlerei verdächtigt ist.

Übrigens: Während der Gesetzgeber in § 160a StPO den Schutzumfang nach Berufsgeheimnisträgern unterscheidet, differenziert er bei der **Wohnraumüberwachung** und bei der **Online-Durchsuchung** danach nicht. Gem. § 100d Abs. 5 S. 1 StPO ist beispielsweise das Abhören von Gesprächen von allen § 53-Zeugen in Wohnungen unzulässig; der Inhalte darf nicht verwertet werden (**Überwachungsverbot**).[173]

4.   Äußerungen von § 55-Zeugen

89   Zeugen, die bei der Beantwortung einer Frage sich oder einen Angehörigen der Gefahr der Strafverfolgung aussetzen würden, haben das Recht die Beantwortung dieser Frage zu verweigern (sog. **Auskunftsverweigerungsrecht**). Das ist immer dann der Fall, wenn durch die Aussage zureichende tatsächliche Anhaltspunkte für einen Anfangsverdacht bezüglich einer Straftat oder Ordnungswidrigkeit vorlägen, die nicht erst in der Aussage selbst (v.a. Aussagedelikte) gesehen werden können.

Umkehrschluss: Wenn überhaupt keine Gefahr der Strafverfolgung besteht, so entfällt das Auskunftsverweigerungsrecht, z.B. wenn der Zeuge wegen der Tat bereits rechtskräftig verurteilt ist, die Gegenstand der Frage ist.

Wird der § 55-Zeuge nicht gem. § 55 Abs. 2 StPO ordnungsgemäß belehrt, folgt nach Auffassung des BGH daraus **kein Beweisverwertungsverbot**. Im Wesentlichen stützt sich der BGH auf die Rechtskreistheorie: Das Auskunftsverweigerungsrecht

---

171   *Meyer-Goßner/Schmitt*, § 97 Rn. 37.
172   BGHSt 44, 46.
173   *Meyer-Goßner/Schmitt*, § 100c Rn. 22 ff.

soll vor dem Konflikt schützen, sich oder einen Angehörigen bloßzustellen; es dient nicht dem Schutz des Beschuldigten.[174]

Auch soll § 252 StPO keine Anwendung finden. Dies ergibt sich schon aus dem Wortlaut, der ausdrücklich von Zeugnis- und nicht von Auskunftsverweigerungsrecht spricht. Doch ist § 252 StPO nach h.M. auch nicht analog anzuwenden.[175]

Klausurrelevanz erfährt § 55 StPO in dieser Konstellation: A wurde zunächst zulässig als tatverdächtiger Zeuge vernommen, ohne nach § 55 Abs. 2 StPO belehrt worden zu sein. Später erhärten sich die Verdachtsmomente gegen ihn und er wird zum Beschuldigten. Seine Aussagen als Zeuge unterliegen wegen des Verstoßes gegen die Belehrungspflicht aus § 55 Abs. 2 StPO einem Beweisverwertungsverbot und können nicht *gegen ihn* (sehr wohl aber gegen Mitbeschuldigte) verwertet werden.[176]

5. Sonstige Verstöße gegen StPO-Vorschriften

Die Prüfungsämter streuen in die Klausur häufig noch weitere – bislang in Examensklausuren „unbekannte" – Probleme der Beweisverwertung ein. Die denkbaren Problemfelder sind zahlreich. Sie werden häufig keine Zeit in der Vorbereitung haben, sämtliche Probleme – wie im 1. Staatsexamen – vertieft zu erlernen. Deshalb wird von Ihnen auch „lediglich" erwartet, dass Sie die Probleme erkennen und mit **Hilfe des Kommentars** lösen. Es ist ratsam, sich bei der Klausurvorbereitung **Strukturverständnis** anzueignen, statt Einzelprobleme zu lernen. Und weiter ist es ratsam, den Kommentar schon in der Vorbereitung zu nutzen, um mit dessen Umgang in der Klausursituation geübt zu sein.

Besonders beliebt in den Examensklausuren waren zuletzt strafprozessuale Probleme im Zusammenhang mit der Sicherung von Daten.

Fallbeispiel: Polizeibeamte haben das Mobiltelefon des Beschuldigten formell ordnungsgemäß sichergestellt. Den auf dem Mobiltelefon des Beschuldigten gespeicherten **WhatsApp-Chatverlauf** haben die Beamten auf Anordnung der Staatsanwaltschaft ausgelesen, ausgewertet und extern gesichert. Der Verteidiger rügt, dass der Dateninhalt nicht verwertbar sei, da es sich um eine unzulässige Telekommunikationsüberwachung gehandelt hätte. Zu Recht?

Die **Durchsicht** des Mobiltelefons als Maßnahme der **Durchsuchung** ist nach § 110 Abs. 1 StPO zulässig. Denn unter Papiere i.S.d. § 110 Abs. 1 StPO fallen auch elektronische Datenträger wie Smartphones.[177] Die gem. § 110 Abs. 1 StPO erforderliche Anordnung der Staatsanwaltschaft lag vor. Die anschließende **Sicherung der Daten** durch die Strafverfolgungsbehörden auf einen externen Datenträger ist demgegenüber eine zulässige **Sicherstellung** gem. § 94 Abs. 1 StPO – anstatt das Mobiltelefon als Datenträger in amtlichen Gewahrsam zu nehmen ist es mit Blick auf den Verhältnismäßigkeitsgrundsatz ausreichend, lediglich die verfahrensrelevanten Daten zu sichern. Daten sind nach BVerfG beschlagnahmefähige Gegenstände gem. § 94 Abs. 1

90

---

174 BGHSt 1, 39; 11, 213.
175 BGHSt 6, 202, 211; *Meyer-Goßner/Schmitt*, § 252 Rn. 5.
176 *Meyer-Goßner/Schmitt*, § 55 Rn. 17.
177 *Meyer-Goßner/Schmitt/Köhler*, § 110 Rn. 1.

StPO.[178] Demgegenüber handelt es sich um **keine** Maßnahme der Telekommunikationsüberwachung gem. § 100a StPO. Denn die Daten waren auf dem Endgerät gespeichert; der Kommunikationsvorgang war abgeschlossen. In diesen Fällen findet die Sicherung der Daten auf Grundlage der Vorschriften zur Beschlagnahme (§§ 94 ff. StPO) und zur Durchsuchung (§§ 102 ff. StPO) statt.[179]

Fallvariante: Ein Polizist hatte mit Zustimmung des Zeugen Bildschirmfotografien von dessen Computermonitor angefertigt, auf dem die Kommunikation mit dem Beschuldigten im **Facebook-Chatverlauf** zu sehen war. Die Kommunikationsdaten waren nicht auf dem Computer der Zeugin gespeichert, sondern auf dem Server von Facebook außerhalb Deutschlands.

Die Datenerhebung richtet sich nach § 110 Abs. 3 StPO (**Durchsicht von elektronischen Speichermedien**). Diese Regelung dient dazu, den Verlust beweiserheblicher Daten zu vermeiden, die von dem durchsuchten Smartphone aus zwar zugänglich sind, sich aber – anders als im Ausgangsfall – auf einem räumlich getrennten Speichermedium, wie etwa dem Server im Intra- oder Internet, befinden.[180] Hier kommt als Problem hinzu, dass die Daten auf Servern außerhalb Deutschlands gespeichert sind. Diese Datenerhebung ist nach Maßgabe von Art. 32 Buchstabe a) der Cybercrime-Konvention jedenfalls dann nach § 110 Abs. 3 StPO zulässig, wenn der Zeuge – wie hier – der Maßnahme zugestimmt hat.[181] Das Empörungsschreiben des Verteidigers, es hätte eines Rechtshilfeersuchens bedurft, war deshalb ohne durchgreifende Substanz.

Bedenken Sie, dass die Strafverfolgungsbehörden für die Datenerhebung keine Ermächtigungsgrundlage benötigen, wenn die Daten vom Verfügungsberechtigten **freiwillig** bereitgestellt gestellt werden.

Beispiel: Einer Zeugin wurde das Mobiltelefon gestohlen, das mit der von ihr genutzten und bezahlten Cloud verknüpft war. Das Mobiltelefon war so eingestellt, dass die Fotos nicht auf dem Mobiltelefon, sondern nur in der Cloud abspeichert wurden. Die Zeugin konnte von extern auf die **Cloudinhalte** zugreifen und die vom Beschuldigten nach der Tat gefertigten Fotos sehen. Sie druckte die Fotos aus und übergab sie der Polizei. Der Verteidiger widerspricht der Verwertung, da es sich um eine unzulässige Online-Durchsuchung handele. Die Regelungen der Online-Durchsuchung gem. § 100b StPO waren aber schon deshalb nicht anwendbar, weil die Cloud als „informationstechnisches System" i.S.d. § 100b Abs. 1 StPO der Zeugin, und nicht – wie in § 100b Abs. 1 StPO vorausgesetzt – dem Beschuldigten zuzuordnen war. Im Übrigen hat die Zeugin nicht die Strafverfolgungsbehörde die Fotos gesichert. Eine Datenerhebung nach § 100b StPO (Online-Durchsuchung) kam daher ohnehin nicht in Betracht.

Auch beliebt in Klausuren sind solche Zwangsmaßnahmen, deren Anordnung unter einem **Richtervorbehalt** stehen. Dazu gehören beispielsweise die **Beschlagnahme** gem. §§ 94 ff. StPO, die **Abhörmaßnahmen** gem. §§ 100a ff. StPO und die **Durchsuchung** gem. §§ 102 ff. StPO. Auch für die **Blutprobenentnahme** hat der Gesetzgeber in § 81a Abs. 2 StPO nach wie vor einen Richtervorbehalt statuiert. Von dem

---

178 Vgl. BVerfGE 113, 29 (50); BVerfG, Nichtannahmebeschl. v. 25.7.2007 – 2 BvR 2282/06 2007 (Rn. 12).

179 *Meyer-Goßner/Schmitt/Köhler*, § 100a Rn. 6b und 6d.

180 *Hegmann*, in: BeckOK StPO, 37. Ed. 1.7.2020, StPO § 110 Rn. 13.

181 *Meyer-Goßner/Schmitt/Köhler*, § 110 Rn. 7b; siehe auch *Hegmann*, in: BeckOK StPO, 37. Ed. 1.7.2020, StPO § 110 Rn. 15.

Richtervorbehalt gem. § 81a Abs. 2 S. 2 StPO ausgenommen sind jedoch diese (in der Klausur und Praxis) sehr relevanten Strafvorschriften:

- der **Gefährdung des Bahn-, Schiffs- und Luftverkehrs** gem. § 315a Abs. 1 Nr. 1 StGB,
- der **Gefährdung des Straßenverkehrs** (nur) gem. § 315c Abs. 1 Nr. 1a StGB und der
- **Trunkenheit im Verkehr** gem. § 316 StGB.

Bei diesen Delikten kann die Polizei nunmehr auch ohne vorherige richterliche Konsultation die Blutentnahme anordnen.

Sollten Sie in der Klausur feststellen, dass die Strafverfolgungsbehörden gegen den Richtervorbehalt verstoßen haben, müssen Sie im Grundsatz die Abwägungslehre anwenden. Beachten Sie dabei: Die Rechtsprechung hat in den letzten Jahren in Anwendung ihrer Abwägungslehre eine umfangreiche Judikatur entwickelt, deren Essenz ist:

> Die Annahme eines Beweisverwertungsverbots ist von Verfassungs wegen zumindest bei **schwerwiegenden, bewussten oder willkürlichen** Verfahrensverstößen, bei denen die grundrechtlichen Sicherungen **planmäßig** oder **systematisch** außer Acht gelassen worden sind, geboten.[182]

Die bei unselbstständigen Beweisverwertungsverboten an sich gebotene Abwägung findet folglich bei **Willkür** bzw. **bewusster Umgehung verfahrensrechtlicher Vorschriften** nicht statt, insbesondere soll es nach BGH *nicht* auf die sog. These des hypothetischen Ersatzeingriffs ankommen.

91

Beispiel (angelehnt an BGH 3 StR 210/11): A soll Bs Schmuck entwendet haben. Wie sich aus den polizeilichen Vermerken ergibt, waren der Polizei um 12 Uhr des Tages sämtliche Tatsachen bekannt, die auf eine Täterschaft des A hinwiesen. Gleichwohl wendete sich die Polizei erst gegen 22 Uhr an den zuständigen Staatsanwalt, der unter Bejahung von „Gefahr in Verzug" die Durchsuchung anordnete. Ohne Einverständnis des A wurde dessen Wohnung durchsucht. Die Polizei fand dort Bs Schmuck. Können diese Erkenntnisse verwertet werden?

Lösung des BGH: „*Die durchgeführte Durchsuchung war wegen Missachtung des Richtervorbehalts rechtswidrig. Eine gemäß Art. 13 Abs. 2 GG, § 105 Abs. 1 S. 1 StPO grundsätzlich erforderliche richterliche Durchsuchungsanordnung lag nicht vor.*

Die Anordnung des diensthabenden Staatsanwalts beruhte nicht auf einer rechtmäßigen Inanspruchnahme ihrer sich aus § 105 Abs. 1 S. 1 StPO ergebenden Eilkompetenz. Zwar darf Gefahr im Verzug angenommen werden, falls die vorherige Einholung der richterlichen Anordnung den Erfolg der Durchsuchung gefährdet (...). Es steht aber nicht im Belieben der Strafverfolgungsbehörden, wann sie eine Antragstellung in Erwägung ziehen. Sie dürfen nicht so lange mit dem Antrag an den Ermittlungsrichter warten, bis die Gefahr eines Beweismittelverlusts tatsächlich eingetreten ist, und damit die von Verfassungs wegen vorgesehene Regelzuständigkeit des Richters unterlaufen (...). Für die Frage, ob die Ermittlungsbehörden eine richterliche Entscheidung rechtzeitig erreichen können, kommt es auf den **Zeitpunkt an, zu dem die Staatsanwaltschaft oder ihre Hilfsbeamten die Durchsuchung für erforderlich halten** *(...).*

---

182   Siehe nur BGH 3 StR 210/11; BVerfG NStZ 2011, 103.

*Dies war hier nach **kriminalistischer Erfahrung** spätestens am Mittag des Tages der Fall. Schon daher konnte die erst nach 22.00 Uhr erlassene Durchsuchungsanordnung der Staatsanwaltschaft nicht mehr auf Gefahr im Verzug gestützt werden."*

Allerdings führt ein Verstoß gegen § 105 StPO nicht automatisch zu einem Beweisverwertungsverbot. Vielmehr ist im Zuge der Abwägungslehre des BGH das Strafverfolgungsinteresse des Staates gegen die Schutzbedürftigkeit der Rechte des Beschuldigten abzuwägen.

*„Die Annahme eines Beweisverwertungsverbots ist von Verfassungs wegen (aber) **zumindest bei schwerwiegenden, bewussten oder willkürlichen Verfahrensverstößen, bei denen die grundrechtlichen Sicherungen planmäßig oder systematisch außer Acht gelassen worden sind, geboten (...)."***

Der Verstoß gegen den Richtervorbehalt ist hier nach Aktenlage auch als schwerwiegend einzustufen. Dass der Ermittlungsrichter den gewünschten Durchsuchungsbeschluss für den Fall der rechtzeitigen Beantragung durch die Staatsanwaltschaft möglicherweise erlassen hätte, da dessen Voraussetzungen an sich vorlagen, muss nach BGH außer Betracht bleiben (sog. These des hypothetischen Ersatzeingriffs). Denn

*„(d)em – für andere Fallgestaltungen zur Einschränkung der Annahme von Beweisverwertungsverboten entwickelten – **Aspekt eines möglichen hypothetisch rechtmäßigen Ermittlungsverlaufs (...) kann bei solcher Verkennung des Richtervorbehalts keine Bedeutung zukommen** (...). Die Einhaltung der durch Art. 13 Abs. 2 GG und § 105 Abs. 1 S. 1 StPO festgelegten Kompetenzregelung könnte in diesen Fällen bei Anerkennung des hypothetisch rechtmäßigen Ersatzeingriffs als Abwägungskriterium bei der Prüfung des Vorliegens eines Beweisverwertungsverbots stets unterlaufen und der Richtervorbehalt sogar letztlich sinnlos werden. Bei Duldung grober Missachtungen des Richtervorbehalts entstünde gar ein Ansporn, die Ermittlungen ohne Einschaltung des Ermittlungsrichters einfacher und möglicherweise erfolgversprechender zu gestalten. Damit würde das wesentliche Erfordernis eines rechtsstaatlichen Ermittlungsverfahrens aufgegeben, dass Beweise nicht unter bewusstem Rechtsbruch oder gleichgewichtiger Rechtsmissachtung erlangt werden dürfen."*

92   **Für Nutzer des Onlinekurses:** Das Thema wird im Kursfall „Verstoß gegen den Richtervorbehalt" behandelt.

So punkteträchtig die sorgfältige Prüfung der strafprozessualen Zwangsmaßnahme auf der 1. Stufe auch sein mag, am Ende ist es in der Klausur allein von Bedeutung, ob ein Beweisverwertungsverbot einschlägig ist, das der Bejahung des hinreichenden Tatverdachts entgegensteht. Nur insoweit hat die Prüfung der Rechtmäßigkeit einer strafprozessualen Zwangsmaßnahme im A-Gutachten eigenständige Bedeutung. Daraus folgt eine wichtige Erkenntnis: Sollte Ihnen in der Klausur das Verhalten der Strafverfolgungsbehörden „irgendwie rechtswidrig" vorkommen, haben Sie jedoch keine Idee, an welcher Stelle Sie das Problem verorten sollen, ist vielfach die folgende Handhabung klausurtaktisch opportun:

Überspringen Sie die 1. Stufe und lassen Sie die Prüfung der Rechtmäßigkeit der Zwangsmaßnahme auf sich beruhen. Erörtern Sie auf der 2. Stufe direkt die Abwägungslehre unter besonderer Berücksichtigung der Willkürgrenze.[183]

---

183   In der Sache wie hier zuletzt OLG Hamburg NStZ 2017, 726.

Bevor Sie aber ein Beweisverwertungsverbot blindlings annehmen, führen Sie sich vor Augen, dass nach vorherrschender Auffassung Beweis*erhebungs*verbote nur **ausnahmsweise** zu Beweis*verwertungs*verboten führen sollen.[184] Im Zweifel lehnen Sie in der Klausur das Beweisverwertungsverbot besser ab.   93

Für Nutzer des Onlinekurses: Dieses Thema wird unter „Notfalllösung" behandelt.

III. Selbstständige Beweisverwertungsverbote

Haben die Strafverfolgungsbehörden rechtmäßig Beweise erhoben, kann sich dennoch unmittelbar aus dem Grundgesetz ein Beweisverwertungsverbot ergeben. Dies folgt aus dem intensiven Eingriff in grundrechtlich geschützte Positionen des Beschuldigten, welcher einer rechtsstaatlichen Verwertung des Beweismittels entgegensteht. Häufig betroffen sind Verstöße gegen den ***nemo-tenetur*-Grundsatz** und das **Allgemeine Persönlichkeitsrecht**.   94

1. Beweisbeschaffung durch Privatpersonen

Haben Privatpersonen belastende Informationen über den Beschuldigten erlangt, sind diese grundsätzlich verwertbar. Unverwertbar sind solche Informationen in den folgenden Fällen:[185]   95

- Bei eklatantem Verstoß gegen die Menschenwürde (z.B. Geständnis nach Folter)
- Verwertung würde erneuten Grundrechtseingriff bedeuten (z.B. Abspielen der heimlich gemachten Tonbandaufnahme im Prozess, ggf. Rechtfertigung über § 34 StGB)
- Privatperson handelte gezielt im Auftrag der Strafverfolgungsbehörden

Die letzte Ausnahme wurde in der berühmten Hörfallenentscheidung des *Großen Senats* des BGH im Jahr 1996 aufgestellt,[186] die in einer Entscheidung des *3. Strafsenats* des BGH bestätigt wurde.[187] Im letzten Fall bot die Ehefrau eines Mitbeschuldigten der Polizei an, dem Beschuldigten in einem heimlich aufgenommenen Gespräch (§ 100f StPO) belastende Aussagen zu entlocken. Zur Frage der Verwertbarkeit der so gewonnenen Aussagen des Beschuldigten führt der BGH der Sache nach aus:

Ein **ausdrückliches** Beweisverwertungsverbot gem. §§ 163a Abs. 4 i.V.m. 136a Abs. 1 S. 1, Abs. 3 StPO liegt mangels „Vernehmung" (Privatperson tritt nicht in amtlicher Eigenschaft auf) nicht vor. Zudem muss die hier allein in Betracht kommende verbotene Vernehmungsmethode der „Täuschung" restriktiv ausgelegt werden; die verdeckte Befragung hat nicht das Gewicht wie die anderen verbotenen Vernehmungsmethoden aus § 136a Abs. 1 S. 1 StPO (Misshandlung, Ermüdung, körperlicher Eingriff, Verabreichung von Mitteln, Quälerei oder Hypnose). Auch verneint   96

---

184 BVerfG NJW 2009, 3225 ff.
185 *Engländer*, Rn. 259.
186 BGH NJW 1996, 2940.
187 BGH NStZ 2011, 596.

der BGH ein **unselbstständiges** Beweisverwertungsverbot. Weder ist § 163a Abs. 4 i.V.m. § 136 Abs. 1 S. 2 StPO verletzt worden, da wiederum keine „Vernehmung" vorliegt, noch ist § 136 Abs. 1 S. 2 StPO *analog* anwendbar. Denn die Belehrung nach § 136 Abs. 1 S. 2 StPO soll den Beschuldigten vor der irrtümlichen Annahme einer Aussagepflicht bewahren, zu der er sich wegen der Konfrontation mit der *staatlichen* Autorität (und nicht – wie hier – mit Privatpersonen) veranlasst sehen könnte. Ferner lagen die Voraussetzungen der akustischen Überwachung außerhalb der Wohnung (§ 100f StPO) vor.

97 Der BGH diskutiert in der Sache im Weiteren ein **selbstständiges** Beweisverwertungsverbot wegen Verstoßes gegen den verfassungsrechtlich abgesicherten Grundsatz, dass niemand gezwungen werden darf, sich selbst zu belasten (*„nemo tenetur se ipsum accusare"*). Noch in der Hörfallenentscheidung nahm der BGH die Abwägung einerseits zwischen dem Allgemeinen Persönlichkeitsrecht bzw. dem Grundsatz des fairen Verfahrens und andererseits dem Schutz der Allgemeinheit und der Staatspflicht zur effektiven Strafverfolgung vor. Hierbei waren die *Schwere der Straftat* und die Frage bedeutsam, ob *andere Ermittlungsmethoden erheblich weniger erfolgversprechend gewesen wären*.[188] Ohne diese Abwägung in diesem Fall ausdrücklich vorzunehmen, verneint der *3. Strafsenat* des BGH einen Verstoß anhand von Kriterien, die der EGMR in gleichgelagerten Fällen entwickelt hat:[189]

- der Zeuge stellt die Information **freiwillig** zur Verfügung (keine Initialveranlassung durch Strafverfolgungsbehörden)
- es liegt **kein Instruieren oder Anleiten** der Zeugen durch Polizei/StA vor
- der Beschuldigte wird **in Freiheit** befragt
- der Beschuldigte hat sein Schweigerecht zuvor noch **nicht ausgeübt**

98 Unterläuft der Staat das Schweigerecht des Beschuldigten demgegenüber **gezielt**, verstößt er gegen die Selbstbelastungsfreiheit. Fälle von Beweisverwertungsverboten, die Sie kennen sollten:

- **Verdeckter Ermittler** wird *gezielt* auf einen Beschuldigten angesetzt, nachdem dieser bereits ausdrücklich von seinem Schweigerecht Gebrauch gemacht hat[190]
- U-Häftling wird *gezielt* von der Polizei als **Spitzel** in die Zelle des Beschuldigten verlegt[191]
- U-Häftling wird *gezielt* in den Glauben versetzt, er könne **vertraulich** mit seiner Ehefrau in einem separaten Besucherraum sprechen. Hier folgt das Beweisverwertungsverbot der heimlich aufgenommenen Angaben (erst) aus einer **Gesamtschau** unterschiedlich tangierter, isoliert betrachtet aber jeweils nicht verletzter Rechtsstaatsgarantien[192]

---

188 BGHSt 42, 139.
189 Vgl. BGH 3 StR 400/10, Rn. 6 ff; *Barton*, StRR 9/2011, 343 f.
190 EGMR, StV 2003, 257; BGH NJW 2007, 3128.
191 BGH NJW 1987, 2525.
192 BGHSt 53, 294 ff.

2. Eingriff in das Allgemeine Persönlichkeitsrecht des Beschuldigten

In dieser Fallgruppe folgt das Beweisverwertungsverbot daraus, dass die Beweisver-   **99**
wertung unzulässig in das Allgemeine Persönlichkeitsrecht des Beschuldigten ein-
greift. Nach der grundlegenden Entscheidung des BVerfG richtet sich die Verwertbarkeit des Beweismittels nach der Sphäre, in die eingegriffen wurde.[193] Zu unterscheiden sind:

Übersicht: Sphärentheorie

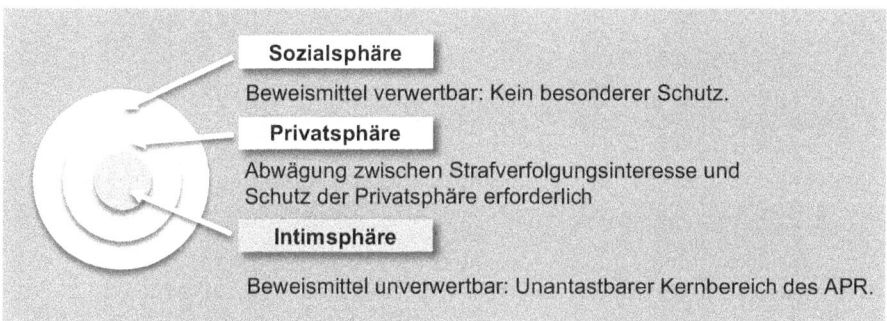

Es ist ein Akt der Wertung, aus welcher Sphäre ein Beweismittel gewonnen wurde.   **100**
Im Kontext heimlicher Abhörmaßnahmen hatte der Gesetzgeber bis ins Jahr 2017 die
Regelvermutung aufgestellt, dass heimlich mitgehörte Gespräche in Betriebs- und
Geschäftsräumen sowie Gespräche über begangene Straftaten nicht dem Kernbe-
reichsschutz unterfallen (vgl. § 100c Abs. 4 S. 2, Abs. 5 StPO a.F.!).[194] Es wird Ihre
Klausurleistung sein, im Einzelfall anhand der **Sphärentheorie** zu entscheiden, wel-
che Sphäre betroffen ist.

Selbstständige Beweisverwertungsverbote wegen unzulässigen Eingriffs in den Kernbereich privater Lebensgestaltung hat der Gesetzgeber in klausurrelevanten Fallkonstellationen mittlerweile ausdrücklich kodifiziert (z.B. für das nichtöffentliche Selbstgespräch außerhalb der Wohnung in §§ 100f Abs. 4 StPO i.V.m. § 100d Abs. 2 S. 1
StPO).

IV. Sonderfall: Zufallsfunde

Finden die Strafverfolgungsbehörden anlässlich der Durchführung einer Zwangsmaß-   **101**
nahme Beweismittel, die für *andere* strafrechtliche Ermittlungen bedeutsam sind, haben Sie deren prozessuale Verwertbarkeit zu klären. Von vornherein müssen Sie zwischen Zufallsfunden aus *strafrechtlichen* Ermittlungsmaßnahmen und *gefahrabwehrrechtlichen* Maßnahmen differenzieren.

---

193   BVerfGE 34, 238.
194   Siehe oben Rn. 54.

1. Zufallsfunde bei strafrechtlichen Ermittlungsmaßnahmen

102 Teilweise hat der Gesetzgeber die prozessuale Verwertbarkeit von Zufallsfunden ausdrücklich geregelt, etwa in **§ 108 Abs. 1 S. 1 StPO**, wonach die Strafverfolgungsbehörden im Grundsatz das Recht haben, die Zufallsfunde zu beschlagnahmen. Auch finden Sie in **§ 100e Abs. 6 Nr. 1 StPO** eine Sonderregelung für Zufallserkenntnisse aus akustischer Wohnraumüberwachung und in **§ 160a Abs. 1 S. 5 StPO** für Ermittlungsmaßnahmen gegen u.a. Verteidiger und Rechtsanwälte (sog. Beweisverwendungsverbot).[195]

103 Soweit keine Spezialregelungen einschlägig sind, ist auf **§ 479 Abs. 2 S. 1 StPO i.V.m. § 161 Abs. 3 StPO** Rückgriff zu nehmen.[196] Geregelt wird dort die strafprozessuale Verwertbarkeit von Zufallsfunden, die im Rahmen einer Zwangsmaßnahme gefunden wurden, welche ihrerseits nur unter engen Voraussetzungen angeordnet werden darf. So liegt es etwa im Fall der Telekommunikationsüberwachung gem. §§ 100a ff. StPO, die neben weiteren Voraussetzungen nur bei schweren Straftaten gem. § 100a Abs. 2 StPO zulässig ist. Betrifft der Zufallsfund nun aber eine Straftat, die nicht zum Katalog des § 100a Abs. 2 StPO gehört, ordnet § 479 Abs. 2 S. 1 StPO i.V.m. § 161 Abs. 3 S. 1 StPO an:

- Zufallserkenntnisse, die eine andere als die in der Anordnung bezeichnete **Katalogtat** betreffen, sind verwertbar
- Zufallserkenntnisse, die **keine Katalogtat** der Anlassanordnung betreffen, dürfen nicht unmittelbar, sehr wohl aber als *Spurenansatz* verwertet werden (keine Fernwirkung)[197]

Beispiel: Das Mobiltelefon des Beschuldigten A wird rechtmäßig abgehört, da er des Raubes gem. § 249 Abs. 1 StGB verdächtigt ist. Informationen hinsichtlich der vorgeworfenen Tat können jedoch nicht gewonnen werden. Er berichtet aber in einem Telefonat mit seiner Bekannten davon, dass er einen Porsche geklaut habe. Insoweit wird ein neues Verfahren unter neuer Vorgangsnummer eingeleitet. Sie verfolgen den Diebstahl des Porsches. Sind die Erkenntnisse aus dem Telefonat verwertbar?

Lösung: Nein. Zwar war das Abhören des Telefons gem. §§ 100a ff. StPO rechtmäßig. Die Erkenntnisse über den Diebstahl gem. § 242 Abs. 1 StGB (ggf. i.V.m. § 243 StGB) können in diesem Strafverfahren jedoch nicht (unmittelbar) verwertet werden. Dies ergibt sich aus § 479 Abs. 2 S. 1 StPO i.V.m. § 161 Abs. 3 S. 1 StPO. Danach gilt: Ist eine Maßnahme nach der StPO nur bei Verdacht bestimmter Straftaten zulässig, so dürfen die auf Grund einer solchen Maßnahme erlangten personenbezogenen Daten ohne Einwilligung der von der Maßnahme betroffenen Personen zu Beweiszwecken in anderen Strafverfahren nur zur Aufklärung solcher Straftaten verwendet werden, zu deren Aufklärung eine solche Maßnahme nach der StPO hätte angeordnet werden dürfen. Bei dem Diebstahl handelt es sich nicht um eine Katalogtat gem. § 100a Abs. 1 StPO, sodass diesbezüglich die Abhörmaßnahme unzulässig wäre. Nach umstrittener Auffassung dürfen die Erkenntnisse allerdings als „Spurenansatz" verwertet und – darauf gestützt – weitere Ermittlungen gegen den Beschuldigten A geführt werden, um sodann verwertbare Beweismittel zu sichern.

---

195 *Eisenberg*, Beweisrecht, Rn. 358; *Meyer-Goßner/Schmitt*, § 160a Rn. 7.
196 *Eisenberg*, Beweisrecht, Rn. 358 f.
197 BVerfG NJW 2005, 176; *Eisenberg*, Beweisrecht, Rn. 359.

2. Zufallsfunde aus gefahrabwehrrechtlichen Maßnahmen

Zufallsfunde aus gefahrabwehrrechtlichen Maßnahmen (Polizei, Nachrichtendienste) **104** können über **§ 161 Abs. 3 StPO** strafprozessual verwertet werden. Vorausgesetzt ist, dass die Maßnahme auch nach den Ermächtigungsgrundlagen der StPO hätte angeordnet werden dürfen. An Klausurrelevanz hat diese Vorschrift durch die sog. *legendierten Polizeikontrollen* gewonnen:

Fall (BGH 2 StR 247/16): Gegen den Beschuldigten wurde wegen des Verdachts von Betäubungsmittelstraftaten ermittelt. Aufgrund von verdeckten Ermittlungsmaßnahmen hatte die Kriminalpolizei konkrete Hinweise auf einen Betäubungsmitteltransport des Beschuldigten nach Deutschland erhalten. Als sie über einen am Fahrzeug des Beschuldigten angebrachten Peilsender feststellte, dass er sich nach Grenzübertritt wieder auf der Autobahn in Deutschland befand, entschloss sie sich, das Fahrzeug von der Verkehrspolizei im Rahmen einer Verkehrskontrolle anzuhalten und durchsuchen zu lassen, um die mitgeführten Betäubungsmittel sicherzustellen. Dabei wurden im Inneren des Fahrzeugs mehrere Päckchen Kokain aufgefunden. Das zuvor eingeleitete Ermittlungsverfahren hielt die Polizei gegenüber dem Beschuldigten geheim („legendierte Polizeikontrolle"), um nicht zu riskieren, durch Offenlegung des Ermittlungsverfahrens die Hintermänner nicht mehr ermitteln zu können.

Sind die Beweismittel strafprozessual verwertbar?

Lösung: Ja. Die Betäubungsmittel sind nach Polizeirecht beschlagnahmt worden (hier nach hessischem Landesrecht: § 37 Abs. 1 Nr. 1 i.V.m. § 36 Abs. 1 Nr. 1 HSOG). Denn es ging (zumindest auch) um die Abwehr einer gegenwärtigen Gefahr, nämlich das Inverkehrgelangen einer großen Menge von gefährlichen Betäubungsmitteln.

Der polizeirechtlichen Rechtmäßigkeit der Maßnahme steht nicht entgegen, dass zum Zeitpunkt der Fahrzeugdurchsuchung bereits ein Anfangsverdacht einer Straftat gegen den Beschuldigten vorlag, der auch ein Vorgehen nach §§ 102, 105 StPO ermöglicht hätte. Die Fahrzeugdurchsuchung stellt hier eine sog. **doppelfunktionale Maßnahme** dar, bei der die Polizei mit jeweils selbständiger präventiver und repressiver Zielsetzung tätig wurde. Nach BGH besteht weder ein allgemeiner Vorrang der Strafprozessordnung gegenüber dem Gefahrenabwehrrecht noch umgekehrt ein solcher des Gefahrenabwehrrechts gegenüber der Strafprozessordnung (str.). Auch bei Vorliegen eines Anfangsverdachts einer Straftat ist ein Rückgriff auf präventiv-polizeiliche Ermächtigungsgrundlagen rechtlich möglich. Insbesondere bei sogenannten Gemengelagen, in denen die Polizei sowohl repressiv als auch präventiv agieren kann und will, bleiben strafprozessuale und gefahrenabwehrrechtliche Maßnahmen grundsätzlich nebeneinander anwendbar. Deshalb richtet sich die Verwertbarkeit der Beweismittel nach **§ 161 Abs. 3 StPO**.

Dessen Voraussetzungen liegen vor. Gedanklicher Anknüpfungspunkt des § 161 Abs. 3 S. 1 StPO ist die Idee des **hypothetischen Ersatzeingriffs** als genereller Maßstab für die Verwendung von personenbezogenen Informationen zu Zwecken des Strafverfahrens, die nicht auf strafprozessualer Grundlage erlangt worden sind. Mit Blick auf das Prinzip des hypothetischen Ersatzeingriffs hat sich der Gesetzgeber in Kenntnis der unterschiedlichen formellen Voraussetzungen gesetzlicher Ermächtigungsgrundlagen für eine Lösung nach rein materiellen Gesichtspunkten entschieden. Damit kommt es bei der „Umwidmung" von auf präventiv-polizeilicher Rechtsgrundlage erlangter Daten nach § 161 Abs. 3 S. 1 StPO gerade nicht darauf an, ob die formellen Anordnungsvoraussetzungen nach der StPO, wie hier etwa das Vorliegen einer richterlichen Durchsuchungsanordnung, gewahrt worden sind. Vielmehr setzt die Datenverwendung nach § 161 Abs. 3 S. 1 StPO grundsätzlich nur voraus, dass die zu verwendenden Daten polizeirechtlich rechtmäßig erhoben wurden. Das war hier der Fall. Die Erkenntnisse aus der Fahrzeugdurchsuchung dienten zur Aufklärung einer „schweren Straftat" im Sinne des § 100a Abs. 2 Nr. 7 StPO, aufgrund derer eine Durchsuchung nach der StPO ohne weiteres hätte angeordnet werden dürfen. Ein Ermittlungsrichter hätte bei hypothetischer Betrachtung einen entsprechenden richterlichen Durchsuchungsbeschluss auf strafprozessualer Grundlage zweifelsfrei erlassen.

Eine andere ebenso klausurrelevante Frage ist, ob die Aussagen des Beschuldigten verwertbar wären, wenn er im o.g. Fall Angaben gemacht hätte.[198]

V. Zur Reichweite von Beweisverwertungsverboten

105   Die Reichweite von Beweisverwertungsverboten kann vier Wirkrichtungen betreffen:

Übersicht: Wirkrichtungen von BVV

Fernwirkung	Können mittelbar erlangte Beweismittel verwertet werden?
Fortwirkung	Können Belehrungsverstöße nachträglich geheilt werden?
Drittwirkung	Wirkt das Beweisverwertungsverbot auch gegenüber Dritten (z.B. Mitbeschuldigten)?
Absolute Wirkung	Kann der Beschuldigte über das Beweisverwertungsverbot disponieren?

Die Fragen werden in Rechtsprechung und Literatur (teilweise) überaus kontrovers diskutiert. Sie sollten sich merken:

106   • **Fernwirkung:** Es entspricht der ständigen Rechtsprechung des BGH, dass ein Beweisverwertungsverbot – ungeachtet seiner Ursache – im Grundsatz keine Fernwirkung auf solche Beweismittel entfaltet, die mittels des unverwertbaren Beweismittels erlangt worden sind (Bsp.: Beschuldigter verrät unter staatlicher Folterandrohung, wo sich die Leiche befindet, an der seine DNA zu finden ist; keine Fernwirkung: DNA verwertbar). Dies gilt zumindest dann, wenn die weiteren Beweismittel ohne Gesetzesverstoß in zulässiger Weise hätten beschafft werden können.[199] Zur Begründung stellt der BGH klar, dass ein Beweisverwertungsverbot nicht das gesamte Strafverfahren lahmlegen dürfe.[200] Zudem bestehe in Deutschland kein Bedürfnis dafür, die Strafverfolgungsorgane durch eine Fernwirkung von Beweisverwertungsverboten zu disziplinieren (so aber der Grundgedanke der US-amerikanischen Rechtsregel der *„fruit of the poisonous tree doctrine"*).[201]

Für Nutzer des Onlinekurses: Das Thema wird im Kursfall „Fernwirkung" behandelt.

---

198   Siehe hierzu die Problemkarte „Legendierte Polizeikontrolle"; zum Download auf www.assrep.de erhältlich.
199   BGH NStZ 1989, 375 f.
200   BGHSt 32, 68.
201   *Meyer-Goßner/Schmitt*, Einl. Rn. 57.

● **Fortwirkung:** Diese Frage ist bei dem Verstoß gegen die Schweigerechtsbeleh- **107**
rung virulent geworden.

Fall: Der Beschuldigte A wird verdächtigt, ein Fahrrad im Wert von 100 € gestohlen zu
haben. In der polizeilichen Vernehmung lässt er sich ohne vorherige Belehrung geständig
ein. Die fehlende Belehrung fällt dem Staatsanwalt nachträglich auf, weshalb er eine weitere Beschuldigtenvernehmung durch die Polizei anordnet. Nunmehr wird A gemäß § 136
Abs. 1 S. 2 StPO ordnungsgemäß belehrt. Er bestätigt seine erste Aussage. Sind die Aussagen des A verwertbar, wenn sein Verteidiger der Verwertbarkeit rechtzeitig widerspricht?

Die Idee ist: Das (unstreitig einschlägige) Beweisverwertungsverbot der Angaben
aus der ersten Vernehmung könnte auch auf die Angaben in der zweiten Vernehmung *fortwirken*, da sich der Beschuldigte an seine – wenn auch unverwertbare –
Aussage in der ersten Vernehmung gebunden fühlen könnte. Solche Belehrungs-
verstöße können jedoch **geheilt** werden, wenn der Beschuldigte vor der zweiten
Vernehmung *qualifiziert belehrt* wird. Qualifiziert ist die Belehrung, wenn dem
Beschuldigten deutlich gemacht wird, dass seine vorherige Aussage aufgrund des
Belehrungsverstoßes nicht verwertet werden kann. Wurde der Beschuldigte hingegen nach fehlerhafter Vernehmung lediglich *einfach* belehrt (d.h. Belehrung
gem. § 136 Abs. 1 S. 2 StPO ohne Hinweis auf die Unverwertbarkeit der vorheri-
gen Aussage), folgt daraus für die nachfolgende Aussage aber nicht automatisch
ein Beweisverwertungsverbot. Vielmehr findet die vom BGH praktizierte Abwägungslehre Anwendung, bei der es insbesondere auf den Aspekt ankommt, *ob der
Beschuldigte glaubte, von seiner früheren Aussage nicht mehr abrücken zu können.*[202] Dies bejaht der BGH in Fällen, in denen sich die Beschuldigtenvernehmung inhaltlich als bloße Wiederholung oder Fortsetzung der in der Vernehmung
gemachten Angaben darstellt. Umkehrschluss: Macht der Beschuldigte nach der –
an sich nicht ausreichenden – *einfachen* Belehrung **erstmals** belastende Angaben,
liegt nach BGH die Annahme fern, dass sich der Beschuldigte seiner Entschei-
dungsfreiheit nach ordnungsgemäßer Beschuldigtenbelehrung nicht bewusst war
und dass deshalb der ursprüngliche Belehrungsverstoß fortwirkt.

Lösung: Die Aussage in der ersten Vernehmung ist nicht verwertbar, da ein Verstoß gegen § 136 Abs. 1 S. 2 StPO vorliegt. Dieser hat nach ständiger Rechtsprechung des BGH
zwingend die Unverwertbarkeit der Aussage zur Folge, wenn der Verwertbarkeit – wie hier
– rechtzeitig widersprochen wird.

Zu fragen ist aber, ob auch die Aussage des A in der zweiten Vernehmung unverwertbar
ist. Nach der Rechtsprechung des BGH hätte A darüber belehrt werden müssen, dass seine
erste Aussage unverwertbar ist (sog. qualifizierte Belehrung). Da „das Recht zu schweigen
und das Recht, sich nicht selbst belasten zu müssen [...]" zum „Kernstück des von Art. 6
Abs. 1 EMRK garantierten fairen Verfahrens"[203] gehören, soll durch die qualifizierte Belehrung verhindert werden, dass sich der Beschuldigte möglicherweise an den Inhalt der
ersten Vernehmung gebunden glaubt. Der Verstoß gegen die qualifizierte Belehrungspflicht (Erhebungsverbot) führt indes nicht automatisch zu einem Verwertungsverbot.
Vielmehr ist im Wege der Abwägungslehre des BGH zwischen dem Strafverfolgungsinteresse des Staates einerseits und dem Schutzbedürfnis der Rechte des Beschuldigten andererseits abzuwägen. **Für ein Verwertungsverbot** spricht, dass die hier fragliche Straftat,

---

202 BGH NJW 2009, 1427, 1428.
203 EGMR NJW 2002, 499, 501.

ein Diebstahl, nicht von so schwerem Gewicht ist, dass sie um jeden Preis aufgeklärt werden müsste. **Gegen ein Verwertungsverbot** spricht aber, „dass der Verstoß gegen die Pflicht zur qualifizierten Belehrung nicht dasselbe Gewicht wie der Verstoß gegen die Belehrung nach § 136 Abs. 1 S. 2 StPO hat".[204] Maßgeblich ist, *ob der Vernommene davon ausgegangen ist, dass er nicht mehr von den vor der Beschuldigtenbelehrung gemachten Angaben abrücken kann.* Stellt sich die Beschuldigtenvernehmung inhaltlich als bloße Wiederholung oder Fortsetzung der in der Erstvernehmung gemachten Angaben dar, liegt diese Annahme nahe. Hier ist davon auszugehen, dass die Erstvernehmung inhaltlich lediglich wiederholt wurde, sodass ferner angenommen werden muss, dass A glaubte, von seiner ersten Aussage nicht mehr abrücken zu können. Da zudem der Verteidiger rechtzeitig der Verwertung widersprochen hat, ist auch die zweite Aussage unverwertbar.[205]

108 ● **Drittwirkung (personelle Reichweite):** Beweisverwertungsverbote haben im Grundsatz *keine Drittwirkung*, sondern wirken im Strafverfahren allein gegenüber dem Beschuldigten. Gegenüber Mitbeschuldigten und anderen Dritten können diese Beweismittel grundsätzlich verwertet werden, etwa im Fall eines Belehrungsverstoßes gem. § 136 Abs. 1 S. 2 StPO[206] und beim Verstoß gegen § 168c Abs. 1 und 5 StPO.[207] Begründet wird das mit dem Argument, dass die jeweils verletzte Norm nur den Beschuldigten, nicht aber Dritte wie den Mitbeschuldigten schützt. Anders ist dies in den Fällen der Abhörmaßnahmen gem. § 100d StPO, also dann, wenn Äußerungen des Beschuldigten in dessen **Kernbereich privater Lebensgestaltung** fallen und deshalb unverwertbar sind. Das Beweisverwertungsverbot entfaltet aufgrund des *absoluten Kernbereichsschutzes* sodann auch Wirkung im Verhältnis zu den Mitbeschuldigten.[208] Gleiches soll für ein gemäß **§ 136a Abs. 3 StPO** unverwertbares Geständnis gelten, das weder für noch gegen Mitbeschuldigte verwertet werden darf.[209]

Schließlich können es Mitbeschuldigte rügen, wenn ein **§ 52-Zeuge** nicht ordnungsgemäß über sein Schweigerecht belehrt worden ist, zu dem sie zwar nicht selbst, aber ein Mitbeschuldigter desselben Verfahrens in einem Angehörigenverhältnis steht. Voraussetzung ist aber, dass der Sachverhalt, zu dem der § 52-Zeuge aussagen soll, auch den mitbeschuldigten Angehörigen betrifft.[210]

109 ● Einige wenige Beweisverwertungsverbote sind **nicht disponibel**, so dass der Beschuldigte nicht über die Verwertbarkeit des Beweismittels verfügen kann, indem er auf den durch die verletzte Vorschrift gewährten Schutz verzichtet: das Beweisverwertungsverbot besteht wie im Fall des § 136a Abs. 3 StPO losgelöst („**absolut**") vom Willen des Beschuldigten.[211] In anderen Fällen hat es der Beschuldigte *de facto* durch Widerspruch gegen die Beweisverwertung (sog. Widerspruchslösung) in der Hand, über die Verwertbarkeit des potentiell unverwertbaren Beweismittels zu entscheiden (z.B. bei Verstoß gegen die Belehrungspflicht aus § 136 Abs. 1 S. 2 StPO).[212]

---

204 BGHSt 53, 112, 116.
205 Zu einem ähnlichen Beispielsfall, siehe *Hinderer*, JA 2012, 115 ff.
206 *Meyer-Goßner/Schmitt*, § 136 Rn. 20.
207 BGHSt 53, 191.
208 *Meyer-Goßner/Schmitt*, § 100a Rn. 36.
209 Siehe nur LG Stuttgart NStZ 1985, 569; a.A. OLG Köln NJW 1979, 1218.
210 BGHSt 7, 194; BGH NStZ 1982, 389.
211 *Meyer-Goßner/Schmitt*, § 136a Rn. 27.
212 MüKo-StPO/*Kudlich*, Einleitung Rn. 491.

Es steht im Übrigen nicht im Belieben des Beschuldigten, lediglich der für ihn nachteiligen Wirkung eines an sich unverwertbaren Beweismittels zu widersprechen. So darf das Gericht beispielsweise eine unverwertbare Zeugenaussage, die sowohl be- als auch entlastende Elemente enthält, im Fall eines Verwertungswiderspruchs nur *insgesamt* nicht verwerten (sog. **Mühlenteichtheorie**).[213]

C. Beweiswert des Beweismittels

Bisweilen werden Sie in der Klausur verwertbare, jedoch sich widersprechende Beweismittel zu würdigen haben. Dies ist die Beschäftigung mit dem **Beweiswert** des Beweismittels. Klausurtypisch ist etwa die **fälschliche Selbstbelastung** des Beschuldigten.   **110**

Beispiel: Zeugen beobachten, wie der Fahrer eines VW-Golfs einen geparkten schwarzen BMW direkt vor einem Supermarkt rammte. Er fuhr sofort weiter und konnte von den Zeugen nicht beschrieben werden. Der Halter des VW, der A, konnte später ermittelt werden und lässt sich in seiner Vernehmung geständig ein, dass er als Fahrer zur fraglichen Zeit mit seinem Kumpel B durch die Straße gefahren sei. Er kann die Farbe des beschädigten Kfz nennen und auch genau die Aufprallstelle bezeichnen. Demgegenüber lässt sich sein Kumpel B in der polizeilichen Vernehmung ein, dass er und nicht A gefahren sei. Wo der Unfall geschah, wusste er jedoch nicht mehr. Auch musste er seine Aussage mehrmals aufgrund von Widersprüchlichkeiten korrigieren. Ferner kann er sich nicht mehr an die Farbe bzw. Fahrzeugtyp des beschädigten Kfz erinnern.

Lösung: (*Prüfungsort: B als Unfallverursacher gem. § 142 Abs. 1 StGB?*) Nach Einlassung des B hat er den Golf selbst gefahren. Dies dürfte ihm allerdings *zu widerlegen* sein, denn seine Aussage weist *Unsicherheiten* und *Widersprüchlichkeiten* auf. Im Gegensatz zu A konnte sich B an den tatsächlichen Geschehensablauf – wie er aufgrund der Zeugenaussagen indes feststehen dürfte – nur *lückenhaft erinnern*. Auch konnte er prägende *Details* des Geschehens nicht wiedergeben, wie die Marke und Farbe des beschädigten Kfz.

In einigen Fallkonstellationen müssen Sie in Ihrer Beweiswürdigung den geminderten   **111** Beweiswert eines Beweismittels berücksichtigen. So sind Aussagen von **Zeugen vom Hörensagen** (diese müssen durch weitere gewichtige Beweismittel gestützt werden[214]) und Aussagen des Beschuldigten im Rahmen einer Vernehmung, von denen er sich im Nachgang **distanziert**,[215] in ihrem Beweiswert gemindert.

Gleiches kann für Zeugenaussagen nach einer **Gegenüberstellung** gelten. Die Ermächtigungsgrundlage für die Gegenüberstellung finden Sie nach umstrittener Auffassung in § 58 Abs. 2 StPO,[216] wobei die *Einzel*gegenüberstellung des Beschuldigten gemäß Nr. 18 RiStBV unzulässig ist. Danach soll dem Zeugen „eine Reihe" von Vergleichspersonen bzw. Lichtbildern vorgestellt werden. Der BGH empfiehlt mindestens acht Vergleichspersonen bzw. Lichtbilder, die nacheinander (sequentiell) vorgelegt werden sollen.[217] Die Aussage des Zeugen nach einer nur Einzelgegenüberstel-

---

213   Vgl. BVerfG NStZ-RR 2004, 18; instruktiv zur sog. „Mühlenteichtheorie" *Jahn*, JuS 2008, 1121.
214   BGH StV 2003, 604, 605.
215   BVerfG NVwZ 2005, 1175.
216   Vgl. *Meyer-Goßner/Schmitt*, § 58 Rn. 9 m.w.N.
217   BGH 1 StR 524/11, Rn. 8; NStZ 2012, 172.

lung ist nach BGH zwar nicht unverwertbar, sie weist aber einen *wesentlich geringeren* Beweiswert auf.[218]

Übersicht: BVV

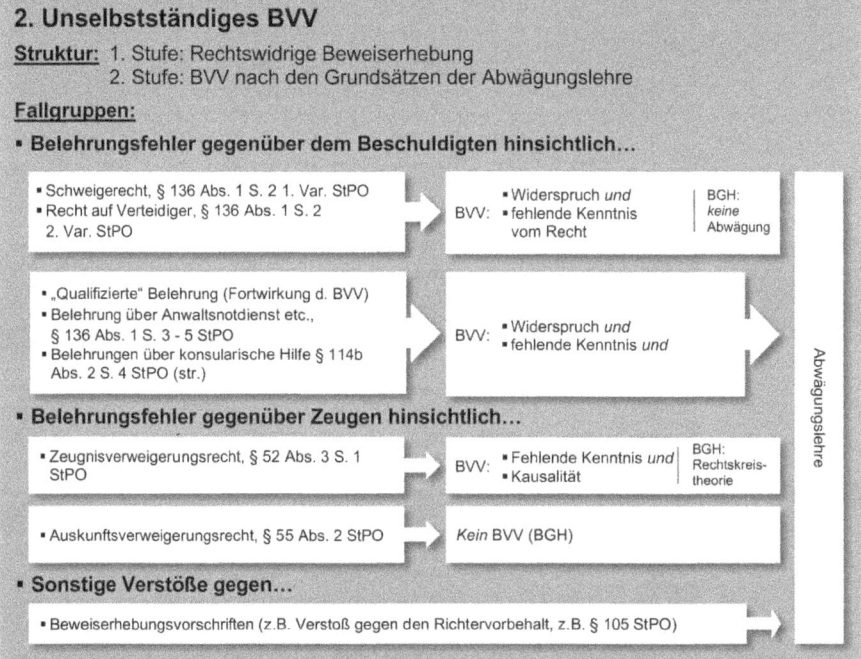

Beweisverwertungsverbote (BVV)

1. Ausdrückliches BVV

<u>Struktur:</u> BVV wird von Gesetzes wegen angeordnet

<u>Beispiele:</u>

- § 136a Abs. 3 S. 2 StPO: z.B. bei Täuschung (P: Abgrenzung zur kriminalistischen List)
- § 100d Abs. 2 S. 1 StPO: Kernbereichsschutz bei Telekommunikations- und Wohnraumüberwachung sowie der Online-Durchsuchung
- § 160a StPO: Ermittlungsmaßnahmen gegen § 53-Zeugen (insb. Verteidiger)
- § 252 StPO: Verlesungs- *und* Verwertungsverbot (*Ausnahme:* Ermittlungsrichter als Zeuge)

2. Unselbstständiges BVV

<u>Struktur:</u> 1. Stufe: Rechtswidrige Beweiserhebung
  2. Stufe: BVV nach den Grundsätzen der Abwägungslehre

<u>Fallgruppen:</u>

- **Belehrungsfehler gegenüber dem Beschuldigten hinsichtlich...**

• Schweigerecht, § 136 Abs. 1 S. 2 1. Var. StPO • Recht auf Verteidiger, § 136 Abs. 1 S. 2 2. Var. StPO	BVV: • Widerspruch *und* • fehlende Kenntnis vom Recht	BGH: *keine* Abwägung
• „Qualifizierte" Belehrung (Fortwirkung d. BVV) • Belehrung über Anwaltsnotdienst etc., § 136 Abs. 1 S. 3 - 5 StPO • Belehrungen über konsularische Hilfe § 114b Abs. 2 S. 4 StPO (str.)	BVV: • Widerspruch *und* • fehlende Kenntnis *und*	

- **Belehrungsfehler gegenüber Zeugen hinsichtlich...**

• Zeugnisverweigerungsrecht, § 52 Abs. 3 S. 1 StPO	BVV: • Fehlende Kenntnis *und* • Kausalität	BGH: Rechtskreis-theorie
• Auskunftsverweigerungsrecht, § 55 Abs. 2 StPO	*Kein* BVV (BGH)	

- **Sonstige Verstöße gegen...**

  - • Beweiserhebungsvorschriften (z.B. Verstoß gegen den Richtervorbehalt, z.B. § 105 StPO)

Abwägungslehre

3. Selbstständiges BVV

<u>Struktur:</u> BVV ergibt sich direkt aus einem Verstoß gegen das Grundgesetz

<u>Fallgruppen:</u>

- **Verstoß gegen den *nemo-tenetur/fair-trial*-Grundsatz**
- **Verstoß gegen das Allgemeine Persönlichkeitsrecht:**
  Abgrenzung nach der Sphärentheorie

---

218 BGH NStZ 1994, 295, 296.

Zweiter Teil
Das Prozessgutachten (sog. B-Gutachten)

Im Prozessgutachten (bzw. B-Gutachten) erörtern Sie alle verfahrensrechtlichen Sachpunkte, die mit der praktischen Umsetzung der im A-Gutachten entwickelten Ergebnisse verbunden sind. Bei der Anfertigung des B-Gutachtens sind zumindest gedanklich die immer gleichen Stationen zu durchlaufen.[1]   **112**

Erster Abschnitt
Die Anklage

In der ersten Station des B-Gutachtens ist festzustellen, bezüglich welcher Delikte **113** **hinreichender Tatverdacht** besteht. Für den eigenen Überblick ist es zweckmäßig, die entsprechenden Delikte aus dem A-Gutachten herauszuschreiben.

Besonders aufmerksam sollten Sie werden, soweit der hinreichende Tatverdacht bezüglich eines **Verbrechens** bejaht wurde. Verbrechen spielen prozessual an mehreren Stellen eine Rolle:

Merkposten „Verbrechen":

- Großzügige Behandlung anderer Delikte über §§ 154, 154a StPO
- Sachliche Zuständigkeit: Kann schon nicht mehr Strafrichter sein
- Pflichtverteidiger (§ 140 Abs. 1 Nr. 2 und ggf. Nr. 1 und 4 StPO)
- Antrag auf Erlass eines Haftbefehls prüfen

A. Die Filter

In der Klausursituation haben Sie ein Interesse daran, die Anklage möglichst **114** „schlank" zu gestalten, um wertvolle Zeit zur Anfertigung der Anklageschrift zu gewinnen. Dieses Ziel können Sie (vorbehaltlich eines anders lautenden Bearbeitervermerks!) durch die Anwendung der „Filter"[2] erreichen, die vom Gesetzgeber u.a. mit dem Verweis auf den Privatklageweg, der Strafverfolgungsbeschränkung gemäß § 154a StPO oder der Einstellung gemäß § 154 StPO geschaffen wurden. Während § 154a StPO die Nichtverfolgung einzelner Delikte auch innerhalb einer prozessualen Tat ermöglicht, sind § 154 StPO und der Verweis auf den Privatklageweg nur auf prozessuale Taten anwendbar.

---

1 In der Literatur wird empfohlen, im B-Gutachten zunächst die Verfahrenseintragung zu prüfen (so *Möller/Hamdi*, JuS 2011, 324). Wir halten dies für entbehrlich, da in der Klausur regelmäßig Auszüge aus dem BZR vorliegen und dies den Rückschluss zulässt, dass das Verfahren bereits eingetragen ist.
2 Denselben Ansatz haben *Möller/Hamdi*, JuS 2011, 324.

I.   Filter: Kein öffentliches Interesse bei Privatklagedelikten

115   Die Klage wird bei **Privatklagedelikten** (z.B. Hausfriedensbruch, Sachbeschädigung, Beleidigung, die *einfache* (auch fahrlässige) Körperverletzung und Nötigung, vgl. § 374 StPO) nur dann erhoben, wenn das „**öffentliche Interesse**" an der Strafverfolgung besteht, § 376 StPO. Kriterien dafür können insbesondere **Nr. 86 Abs. 2 RiStBV** entnommen werden (bei rohen Taten und erheblichen Verletzungen siehe Nr. 233 RiStBV).

> Regelmäßig liegt das „öffentliche Interesse" vor, wenn der Rechtsfrieden über den Lebenskreis des Verletzten hinaus gestört ist und die Strafverfolgung sich als gegenwärtiges Anliegen der Allgemeinheit darstellt (z.B. Ausmaß der Rechtsverletzung oder Rohheit und Gefährlichkeit der Tat).

Die Staatsanwaltschaft hat bei der Beurteilung einen weiten Auslegungsspielraum. Wertungswidersprüche sind innerhalb der Klausurbearbeitung zu vermeiden. Wenn Sie im A-Gutachten bei einem relativen Antrags- und Privatklagedelikt wie § 223 StGB das „besondere öffentliche Interesse" gem. § 230 Abs. 1 StGB bejaht haben, werden Sie das „öffentliche Interesse" erst recht bejahen müssen.[3]

116   Beachte: Über §§ 376 StPO i.V.m. 170 Abs. 2 StPO können Sie nur prozessuale Taten, nicht einzelne Delikte einstellen. Zwei Konstellationen sind zu unterscheiden:

- **Konstellation 1:** Innerhalb einer prozessualen Tat treffen Offizialdelikt (z.B. § 224 StGB) und Privatklagedelikt (z.B. § 185 StGB) zusammen.
  Wenn Sie den hinreichenden Tatverdacht für die gefährliche Körperverletzung bejahen, muss die Tat auch im Hinblick auf § 185 StGB im Offizialverfahren verfolgt werden. Eine Verweisung auf den Privatklageweg kommt von vornherein nicht in Betracht, da lediglich prozessuale Taten, nicht aber Delikte eingestellt werden können. Zum öffentlichen Interesse müssen Sie sich nicht äußern, denn das Offizialverfahren genießt Vorrang, sodass das Privatklagedelikt ohne Rücksicht auf das Vorliegen des öffentlichen Interesses zu verfolgen ist.[4]
  Wurde demgegenüber der hinreichende Tatverdacht bezüglich des Offizialdelikts verneint und für das Privatklagedelikt bejaht, ist danach zu differenzieren, ob das öffentliche Interesse gem. § 376 StPO an der Verfolgung besteht:
  - Wird das öffentliche Interesse bejaht, ist das Privatklagedelikt anzuklagen, der fehlende hinreichende Tatverdacht bezüglich des Offizialdelikts wird im **Vermerk** in der Abschlussverfügung begründet.
  - Besteht das öffentliche Interesse nicht, wird die Tat gem. **§§ 376 i.V.m. 170 Abs. 2 StPO** eingestellt. Der *Verletzte* erhält einen Einstellungsbescheid mit Rechtsmittelbelehrung *ohne* den einschränkenden Hinweis, dass sich die Beschwerdemöglichkeit nur auf das Offizialdelikt bezieht (str.).[5]

---

3   Vgl. *Meyer-Goßner/Schmitt*, § 376 Rn. 3; siehe auch *Rieso*, S. 5, der jede andere Handhabung als „unsinnig" bezeichnet.
4   BGH StraFo 2016, 212.
5   *Vordermayer/v. Heintschel-Heinegg*, S. 726; für die beschränkte Rechtsmittelbelehrung etwa *Rieso*, S. 65.

- **Konstellation 2:** Innerhalb einer prozessualen Tat kommen ausschließlich ein oder mehrere Privatklagedelikte in Betracht.

  a) *Es besteht hinreichender Tatverdacht, aber kein öffentliches Interesse an der Strafverfolgung:*

  Die Tat ist unter Verweisung auf den Privatklageweg einzustellen.

  Vermerk:

  Das Verfahren ist gem. §§ 376 i.V.m. 170 Abs. 2 StPO einzustellen. Der Antragsteller ist auf den Privatklageweg zu verweisen. Der zu fertigende Einstellungsbescheid muss gem. § 172 Abs. 2 S. 3 StPO nicht mit einer Rechtsmittelbelehrung versehen werden.

  b) *Es besteht hinreichender Tatverdacht und das öffentliche Interesse an der Strafverfolgung:*

  Vermerk:

  Die Einstellung des Verfahrens unter Verweis auf den Privatklageweg kommt nicht in Betracht, da das öffentliche Interesse an der Verfolgung … besteht. Denn …

  c) *Es besteht kein hinreichender Tatverdacht:*

  Vermerk:

  Einstellung gem. § 170 Abs. 2 StPO, ohne Rechtsmittelbelehrung.[6]

II. Filter: Absehen von der Verfolgung gem. § 154 StPO

Auch § 154 StPO ermöglicht es, die Strafverfolgung hinsichtlich ganzer prozessualer Taten einzustellen. Dies ist denklogisch nur dann möglich, wenn der hinreichende Tatverdacht hinsichtlich mindestens einer anderen prozessualen Tat bejaht wurde. Von der Möglichkeit des § 154 StPO soll die Staatsanwaltschaft in weitem Umfang Gebrauch machen, Nr. 101 Abs. 1 RiStBV. In der Klausur werden Sie es häufig mit der Konstellation zu tun bekommen, in der eine rechtskräftige Entscheidung wegen der anderen (von Ihnen anzuklagenden) Tat noch nicht vorliegt, diese aber zu erwarten ist (§ 154 Abs. 1 Nr. 1 2. Var. StPO). Sie sollten in Kürze die Voraussetzungen des § 154 Abs. 1 Nr. 1 2. Var. StPO prüfen und sich im Falle ihres Vorliegens auf der Rechtsfolgenseite zu den tragenden Ermessenserwägungen äußern.[7]

117

Vermerk:

Von der Verfolgung des Betrugs soll gem. § 154 Abs. 1 Nr. 1 2. Var. StPO abgesehen werden. Die Strafe, die für diese Tat zu erwarten wäre, fiele neben der Strafe wegen des anzuklagenden Raubes nicht beträchtlich ins Gewicht, denn der anzuklagende Raub weist hinsichtlich seines konkreten Unrechts- und Schuldgehalts ein deutliches Übergewicht im Vergleich zum Betrug mit seiner nur geringen Schadenshöhe auf.

Da § 154 StPO ein Einstellungstatbestand ist, müssen Sie im Weiteren erörtern, ob der Strafantragsteller gem. § 171 StPO zu bescheiden ist (Nr. 101 Abs. 2 RiStBV)

---

6 Der Verweis auf den Privatklageweg erfolgt in diesem Fall nur, wenn die Privatklage nicht völlig aussichtslos ist, siehe nur *Heghmanns*, Rn. 612.

7 *LJPA Celle*, Nds. Vorbereitungsdienst, S. 94.

und eine Benachrichtigung des Beschuldigten gem. § 170 Abs. 2 S. 2 StPO nötig wird.

III.   Filter: Beschränkung der Strafverfolgung gem. § 154a StPO

118   Soweit im Bearbeitervermerk nichts anderes vorgegeben ist, kann die Anklage über § 154a StPO ausgedünnt und auf die Kerndelikte konzentriert werden. Dies kommt vor allem bei ansonsten umfangreichen Anklagen in Frage.[8] Von dieser Möglichkeit soll ausdrücklich Gebrauch gemacht werden, wenn das Verfahren hierdurch vereinfacht wird, Nr. 101a Abs. 1 RiStBV.

Voraussetzung des § 154a Abs. 1 Nr. 1 1. Var. StPO ist, dass einzelne von mehreren Gesetzesverletzungen, die innerhalb derselben prozessualen Tat begangen wurden, bei der zu erwartenden Strafe nicht beträchtlich ins Gewicht fielen. Auf der Rechtsfolgenseite müssen Sie kurz die tragenden Ermessenserwägungen darstellen, die für eine Verfahrensbeschränkung sprechen.[9]

Bitte beachten Sie, dass § 154a StPO – im Unterschied zu § 154 StPO – keine Einstellung darstellt, sondern lediglich die Strafverfolgungs*beschränkung* innerhalb einer prozessualen Tat ermöglicht. Die Folge ist, dass der Antragsteller nicht gem. § 171 StPO beschieden werden muss und eine Einstellungsnachricht an den Beschuldigten zu unterbleiben hat.

Die Anwendung von § 154a StPO bietet insbesondere die Möglichkeit **Privatklagedelikte**, für die Sie den hinreichenden Tatverdacht und das öffentliche Verfolgungsinteresse bejaht haben und die Sie aus diesem Grund mit dem § 376 StPO-Filter nicht aussondern konnten, *„wegzubeschränken"*. Haben Sie innerhalb einer prozessualen Tat den hinreichenden Tatverdacht bzgl. eines **Verbrechens** bejaht, wird sich die Anwendung von § 154a StPO häufig auf Vergehen begründen lassen, da zwischen den Delikten oftmals ein gewichtiges „Unrechtsgefälle" vorliegen dürfte. Sie können hier die bestehenden Entscheidungsspielräume dazu nutzen, ein praxisorientiertes Vorgehen zu demonstrieren.

B.   Anklageerhebung

119   Im Hinblick auf die verbliebenen Delikte treffen Sie nun eine Aussage dazu, in welcher Form die öffentliche Klage erhoben werden soll. An dieser Stelle ist allenfalls kurz zu den besonderen Verfahrensarten der StPO abzugrenzen (z.B. Strafbefehlsverfahren, §§ 407 ff. StPO), denn regelmäßig wird in der Klausur die Erhebung der Anklage erwünscht sein. Als Argumentationsstütze dient Ihnen dabei Nr. 175 RiStBV.

Das Strafbefehlsverfahren kommt insbesondere nicht in Betracht, wenn seine Erlassvoraussetzungen nicht gegeben sind, so etwa, wenn Sie Jugendliche (§ 79 Abs. 1 JGG: Strafbefehl ist unzulässig!) oder ein Verbrechen anklagen bzw. ein Vergehen,

---

8   *LJPA Celle*, Nds. Vorbereitungsdienst, S. 94.
9   *Möller/Hamdi*, JuS 2011, 324, 325; *LJPA Celle*, Nds. Vorbereitungsdienst, S. 94.

bei dem eine Freiheitsstrafe von mehr als einem Jahr in Betracht kommt (vgl. § 407 Abs. 1 StPO).[10] Insofern müssten Sie Ihre Erwägungen zur Straferwartung nicht erst bei der sachlichen Zuständigkeit des Gerichts, sondern schon hier anstellen.

C. „Wo?" – Zuständigkeit des Gerichts

Im nächsten Schritt ist zu prüfen, vor welchem Strafgericht Sie die Anklage erheben müssen. Zu erörtern ist, welches Gericht in erster Instanz sachlich und örtlich zuständig ist. **120**

I. Sachliche Zuständigkeit

Für die Frage nach der sachlichen Zuständigkeit des Gerichts sind vier Konstellationen auseinanderzuhalten: die Anklage gegen Erwachsene, Jugendliche, Heranwachsende und die gemeinsame Anklage gegen Erwachsene und Jugendliche bzw. Heranwachsende. Beachten Sie, dass das **Alter** des Beschuldigten nicht im Zeitpunkt der Ermittlungen, sondern im **Zeitpunkt der Tatbegehung** maßgeblich ist.[11] **121**

1. Erwachsene (ab 21 Jahre)

Für Verfahren gegen Erwachsene bestimmt sich die sachliche Zuständigkeit der Gerichte gem. § 1 StPO nach dem GVG. **122**

Grundsätzlich ist das Amtsgericht zuständig, §§ 24 i.V.m. 74 Abs. 1 S. 1 GVG, dort im Grundsatz das Schöffengericht, § 28 GVG. Die Ausnahmen regelt der Gesetzgeber in § 24 GVG, aus dem sich auch Ihre Prüfungsreihenfolge für die Klausur ergibt:

Zunächst nehmen Sie die Sonderzuständigkeit des Landgerichts in den Blick, § 24 Abs. 1 Nr. 1 GVG. Die große Strafkammer am Landgericht sitzt beispielsweise als **Schwurgericht**, wenn Delikte aus dem Verbrechenskatalog des § 74 Abs. 2 GVG angeklagt werden. Dies ist im Grundsatz dann der Fall, wenn die **Folge deliktischen Verhaltens der Tod** eines anderen Menschen ist, wobei Versuch und Teilnahme der Tatbegehung gleichstehen.[12] Ausnahmen sind die Straftaten der **fahrlässigen Tötung** gem. § 222 StGB und der **Tötung auf Verlangen** gem. § 216 StGB, die nicht vor dem Schwurgericht verhandelt werden.

Ferner ist die große Strafkammer am Landgericht ausnahmsweise wegen Verfahrensbesonderheiten (z.B. besondere Bedeutung wie etwa die Prominenz des Beschuldigten[13]) zuständig, § 24 Abs. 1 Nr. 3 GVG.

In den verbleibenden Fällen richtet sich die sachliche Zuständigkeit des Strafgerichts nach der Straferwartung. *Vergehen* mit einer Straferwartung von nicht mehr als 2 Jah-

---

10   Vgl. *Dinter/David*, JA 2012, 281, 282.
11   *Eisenberg/Kölbel*, JGG, § 1 Rn. 6.
12   *Meyer-Goßner/Schmitt*, § 74 GVG Rn. 5.
13   *Meyer-Goßner/Schmitt*, § 24 GVG Rn. 8.

ren sowie Privatklageverfahren werden vor dem **Strafrichter** verhandelt, § 25 Nr. 2 GVG. Vergehen mit einer Straferwartung von mehr als 2 bis 4 Jahren sowie alle *Verbrechen* mit einer Straferwartung bis 4 Jahren Freiheitsstrafe sind beim **Schöffengericht** anzuklagen, § 28 GVG. Ist eine Freiheitsstrafe von mehr als 4 Jahren (bzw. stehen Anordnungen gem. § 63 und § 66 StGB) zu erwarten, ist die **Große Strafkammer** des Landgerichts zuständig, § 24 Abs. 1 Nr. 2 GVG.

Übersicht: Sachliche Zuständigkeit

Sachliche Gerichtszuständigkeit (Erwachsene)		
Spruchkörper	Straferwartung	Strafgewalt
Amtsgericht: Strafrichter § 25 Nr. 2 GVG	• Vergehen mit nicht mehr als 2 Jahre Freiheitsstrafe (Nr. 2) • Privatklageverfahren (Nr. 1)	Bis zu 4 Jahre (!) Freiheitsstrafe, § 24 Abs. 2 GVG
Amtsgericht: Schöffengericht	• Vergehen von mehr als 2 - 4 Jahre Freiheitsstrafe • Verbrechen bis 4 Jahre Freiheitsstrafe (§§ 24 Abs. 1 Nr. 2, 25, 28 GVG)	Bis zu 4 Jahre Freiheitsstrafe, § 24 Abs. 2 GVG

Landgericht: Große Strafkammer	• Sonderzuständigkeit
	  ▸ z.B. „Schwurgericht" gem. § 74 Abs. 2 GVG
	  ▸ Besondere Zuständigkeit gem. § 24 Abs. 1 Nr. 3 GVG
	• Straferwartung ab 4 Jahre Freiheitsstrafe (§§ 24 Abs. 1 Nr. 2, 74 GVG)
		Bis zu 15 Jahre Freiheitsstrafe oder lebenslang, § 38 StGB

Sofern sich die sachliche Zuständigkeit des Gerichts nach der **Straferwartung** richtet, sind Sie in der Klausur gehalten, Ihre Straferwartung prägnant zu begründen. Der pauschale Hinweis darauf, dass *„hier eine Freiheitsstrafe von über vier Jahren Freiheitsstrafe zu erwarten"* sei, wäre in der Klausur schlicht ungenügend.

a) Ermittlung der Straferwartung

123 Ausgangspunkt Ihrer zumindest kursorischen Strafzumessungserwägungen ist stets der Regelstrafrahmen des schwersten der anzuklagenden Delikte. Verdeutlichen Sie sich hierzu den Unterschied zwischen § 52 StGB und § 53 StGB: Bei **Tateinheit** wird gem. § 52 Abs. 2 S. 1 StGB der Regelstrafrahmen dem Delikt mit der höchsten Strafandrohung entnommen. Ist z.B. § 185 StGB (Höchststrafe 1 Jahr) tateinheitlich mit § 223 StGB (Höchststrafe 5 Jahre) verwirklicht worden, wird der Strafrahmen § 223 StGB zu entnehmen sein; § 185 StGB wird „absorbiert" (sog. Absorptionsprinzip). Demgegenüber ist bei **Tatmehrheit** gem. § 54 StGB eine Gesamtstrafe zu bilden: Die höchste verwirkte Einzelstrafe (sog. Einsatzstrafe) wird maßvoll mit den anderen Einzelstrafen erhöht, § 54 Abs. 1 S. 2 StGB, ohne dass diese addiert werden dürfen, § 54 Abs. 2 S. 1 StGB. Droht dem Angeklagten beispielsweise eine Verurteilung wegen Diebstahls in Tatmehrheit mit gefährlicher Körperverletzung, könnte als Einzelstrafe für den Diebstahl auf 1 Jahr, und bei der gefährlichen Körperverletzung auf 2 Jahre (= Einsatzstrafe) Freiheitsstrafe erkannt werden. Die Gesamtstrafe könnte in der Praxis sodann z.B. auf eine Gesamtfreiheitsstrafe von 2 ½ Jahre festgesetzt werden.

Im Anschluss sind die **„minder schweren Fälle"** des Delikts (diese sind in den jeweiligen Delikten beschrieben, z.B. § 250 Abs. 3 StGB) zu beachten, da diese in der Strafandrohung i.d.R. für den Beschuldigten günstiger sind als die vertypten Strafmilderungsgründe. Getreu § 267 Abs. 3 S. 2 StPO müssen Sie die Annahme eines minder schweren Falls als Ausnahme von der Regelstrafe begründen.[14] **124**

Sodann ist zu prüfen, ob **Strafmilderungs- oder Strafschärfungsgründe** vorliegen. Zunächst blicken Sie auf die sog. **vertypten Strafmilderungsgründe**. Das sind z.B. §§ 13, 21, 23, 27, 28 Abs. 1 StGB, die zur Anwendung des § 49 StGB führen. Hiernach vermindert sich die angedrohte Höchststrafe bei zeitiger Freiheitsstrafe (§ 38 Abs. 1 StGB) auf ¾ der Strafandrohung des Regelstrafrahmens (z.B. bei 15 Jahren Freiheitsstrafe auf 11 Jahre und 3 Monate). **125**

Gelegentlich kann ein minder schwerer Fall auch erst mit dem Vorliegen eines vertypten Strafmilderungsgrundes begründet werden. Die Grenze wird aber durch die Vorschrift des § 50 StGB gezogen: Derselbe strafmildernde Umstand darf nur einmal berücksichtigt werden (**Verbot kumulativer Berücksichtigung**). Das bedeutet, dass beispielsweise der Umstand der Alkoholisierung des Täters entweder über § 21 StGB i.V.m. § 49 StGB strafmildernd Eingang in die Strafzumessung findet oder zur Begründung eines minder schweren Falls dient. Ausgeschlossen ist gem. § 50 StGB also eine Strafrahmenbestimmung, die einen minder schweren Fall nochmals wegen desselben Umstandes über § 49 StGB mildern würde.[15] **126**

b) § 21 StGB und BAK-Berechnung

Auch die Bejahung der verminderten Schuldfähigkeit gem. § 21 StGB führt zu einer *fakultativen* Strafrahmenverschiebung nach § 49 StGB und kann insoweit die sachliche Zuständigkeit des Gerichts beeinflussen. Der klausurtypische Anwendungsfall von § 21 StGB ist die Trunkenheit des Täters (sog. Intoxikationspsychose als Unterfall einer krankhaften seelischen Störung, str.[16]). **127**

War der Beschuldigte alkoholisiert, müssen Sie die Blutalkoholkonzentration (BAK) auf den Tatzeitpunkt zurückrechnen, wenn abzusehen ist, dass zu diesem Zeitpunkt eine Tatzeit-BAK von mindestens 2,0 ‰ (bei Tötungsdelikten von 2,2 ‰) vorliegen könnte.

---

14 Vgl. *Meyer-Goßner/Schmitt*, § 267 Rn. 21.
15 Siehe auch die Übersicht „Das Plädoyer vor dem Strafrichter" auf assrep.de.
16 *Fischer*, § 20 Rn. 11.

Übersicht: BAK-Grenzen

Relevante Grenzwerte der Blutalkoholkonzentration

$\geq 0,3$ ‰	Relative Fahruntüchtigkeit bei Ausfallerscheinungen (Kfz/Rad)
$\geq 0,5$ ‰	Ordnungswidrigkeit nach § 24a Abs. 1 StVG
$\geq 1,1$ ‰	Absolute Fahruntüchtigkeit (Kfz-Fahrer)
$\geq 1,6$ ‰	Absolute Fahruntüchtigkeit (Fahrradfahrer)
$\geq 2,0$ ‰	Verminderte Schuldfähigkeit gem. § 21 StGB möglich
$\geq 2,2$ ‰	Verminderte Schuldfähigkeit bei Tötungsdelikten und schweren Gewalttaten möglich
$\geq 3,0$ ‰	Schuldunfähigkeit wahrscheinlich
$\geq 3,3$ ‰	Schuldunfähigkeit bei Tötungsdelikten und schweren Gewalttaten wahrscheinlich

Die Rückrechnung ist eine Sachverhaltsschätzung, die sich zulasten des Beschuldigten auswirken kann. Deshalb ist in besonderem Maße der *in-dubio-pro-reo*-Grundsatz zu berücksichtigen. Auf der Ebene der **Schuld** bedeutet das, dass in die Rechnung der höchst denkbare Abbauwert im Körper des Beschuldigten pro Stunde (= 0,2 ‰) einzustellen ist unter Einbeziehung eines einmaligen Sicherheitszuschlags von 0,2 ‰. Dies ist für den Beschuldigten im Kontext der §§ 20, 21 StGB günstig, weil sich ein hoher Alkoholisierungsgrad im Tatzeitpunkt dahin auswirkt, dass er ohne Schuld gehandelt hat bzw. eine Strafrahmenmilderung gem. § 49 StGB in Betracht kommt. Die Formel lautet:

Abbauwert von 0,2 ‰ pro Stunde + einmaliger Sicherheitszuschlag von 0,2 ‰.

Auf **Tatbestandsebene** führt der *in-dubio-Grundsatz* dazu, dass sich eine niedrige Tatzeit-BAK für den Täter günstig auswirkt. Folglich ist hier eine andere Formel anzuwenden:

70

> *2 Stunden nach Trinkende (sog. Resorptionsphase) bleiben unberücksichtigt +*
> *Abbauwert von 0,1 ‰ pro Stunde.*

Beispiele:

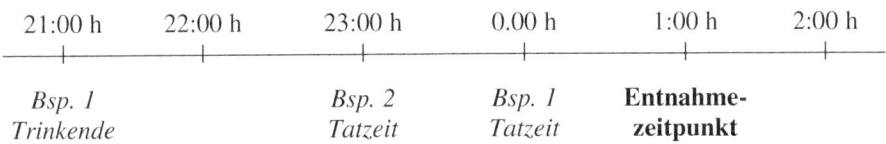

Beispiel 1: Tatzeitpunkt um 0:00 Uhr; BAK am Entnahmezeitpunkt um 01:00 Uhr = 128
1,1 ‰; Trinkende um 21 Uhr.

Berechnung auf Tatbestandsebene:

- Resorptionsphase (= kein Alkoholabbau) von 21:00 Uhr bis 23:00 Uhr – Resorptionsphase endet bereits *vor* der Tatzeit
- Abbau von 0:00 Uhr (Tatzeit) bis 01:00 Uhr (Entnahmezeitpunkt) = 1 Stunde

→ BAK zum Tatzeitpunkt: 1 (Std.) × 0,1 ‰ + 1,1 ‰ = **1,2 ‰**

> ▶ **Merke:** Wenn das Trinkende – wie hier – zwei oder mehr Stunden vor der Tatzeit liegt, ist die Resorptionsphase bei der Berechnung unerheblich. Keinesfalls dürfen Sie in der Klausurhektik bis zum Ende der Resorptionsphase (hier 23:00 Uhr) zurückrechnen!

Berechnung auf Schuldebene:

- Resorptionsphase bleibt unberücksichtigt
- Abbau von 0:00 Uhr bis 01:00 Uhr = 1 Std.
- Einmaliger Sicherheitszuschlag von 0,2 ‰

→ BAK zum Tatzeitpunkt: 1 (Std.) × 0,2 ‰ + 0,2 ‰ + 1,1 ‰ = **1,5 ‰**

Beispiel 2: Tatzeitpunkt um 23:00 Uhr; BAK am Entnahmezeitpunkt um 01:00 Uhr = 129
0,6 ‰; das – irgendwann vor der Tat liegende – Trinkende konnte nicht ermittelt werden.

Berechnung auf Tatbestandsebene:

- In *dubio pro reo* gilt der Tatzeitpunkt als Trinkende, da sich dann die Resorptionsphase in vollem Umfang zu Gunsten des Beschuldigten (= niedrige Tatzeit-BAK) auswirkt
- Resorptionsphase von 23:00 Uhr bis 01:00 Uhr
- Abbau hat zum Entnahmezeitpunkt folglich noch nicht begonnen

→ BAK zum Tatzeitpunkt: **0,6 ‰**

Berechnung auf Schuldebene:

- Auf das Trinkende vor der Tatzeit kommt es nicht an, da stets der volle Zeitraum zwischen Entnahme und Tatzeit zu Gunsten des Beschuldigten (= hohe Tatzeit-BAK) für die Berechnung verwendet wird

- Abbau von 23:00 Uhr bis 01:00 Uhr = 2 Std.
- Einmaliger Sicherheitszuschlag von 0,2 ‰

$\rightarrow$ BAK zum Tatzeitpunkt: 2 (Std.) $\times$ 0,2 ‰ + 0,2 ‰ + 0,6 ‰ = 1,2 ‰

Beachte: Der hohe Alkoholisierungsgrad des Täters eröffnet nicht automatisch den Anwendungsbereich des § 21 StGB; der hohe BAK-Wert darf „nicht schematisch" angewendet werden,[17] er ist lediglich – wenn auch ein gewichtiges – Indiz für die verminderte Steuerungsfähigkeit. Erforderlich ist die umfassende Gesamtwürdigung des Tatgeschehens und der Persönlichkeitsverfassung des Beschuldigten.[18] Deutet die Tatzeit-BAK folglich auf eine erheblich verminderte *Steuerungs*fähigkeit gem. § 21 StGB des Beschuldigten hin, muss im Weiteren erörtert werden, ob die Leistungsfähigkeit des Beschuldigten bei Begehung der Tat gem. § 21 StPO (belegt durch die sog. *psychodiagnostischen Kriterien*[19]) dennoch gegeben war, sodass § 21 StGB nicht anzuwenden wäre.

Sind in der Klausurakte lediglich Angaben zu Trinkmengen mitgeteilt, berechnen Sie die Tatzeit-BAK nach der sog. *Widmark-Formel*.[20]

Beachte: § 21 StGB ist in einigen Bundesländern erst bei der sachlichen Zuständigkeit des Gerichts im B-Gutachten relevant und soll nicht schon – wie im GPA-Bereich – im A-Gutachten geprüft werden.[21]

Denken Sie ferner daran, dass Sie im **Konkretum der Anklageschrift** nur den festgestellten BAK-Wert mit Entnahmezeitpunkt mitteilen, nicht aber die Berechnung vornehmen[22]: *„Die dem Angeschuldigten am 13. Oktober 2017 um 22:12 Uhr entnommene Blutprobe enthielt eine Blutalkoholkonzentration von 1,34 Promille."*

c) Strafzumessungsgesichtspunkte im Einzelfall

130   Bislang haben Sie lediglich den *abstrakten* Strafrahmen der zu erwartenden Strafe bestimmt, im Weiteren müssen Sie im Rahmen der Strafzumessung auf den *konkreten* Einzelfall eingehen. Relevante Strafzumessungskriterien sind neben den in § 46 Abs. 2 S. 2 StGB beispielsweise: *Geständnis, frühzeitig dargelegte Reue, der verursachte Schaden, ein Schadensausgleich, Beweggründe, das Tatziel, Tätergesinnung, persönliche* und *wirtschaftliche Verhältnisse, Tatmodalität* und *Vorstrafen*. Die Erörterung dieser Gesichtspunkte ist selbstverständlich dann entbehrlich, wenn schon die ermittelte Mindeststrafe des schwersten Delikts eine Freiheitsstrafe von über 4 Jahren Freiheitsstrafe androht und ein ggf. möglicher minder schwerer Fall nicht einschlägig ist; denn in diesem Fall wäre stets die große Strafkammer zuständig (Bsp.: § 250 Abs. 2 StGB).

Formulierungsbeispiel: „Die Anklage ist an das Landgericht – Große Strafkammer – in Stade zu richten, dessen sachliche Zuständigkeit aus § 1 StPO i.V.m. § 74 Abs. 1 S. 2 GVG folgt, wo-

---

17   Vgl. BGH StV 96, 600.
18   BGH NStZ 2005, 90 f.
19   Siehe *Fischer*, § 20 Rn. 22.
20   Dazu *Fischer*, § 20 Rn. 14.
21   Siehe *LJPA Celle*, Nds. Vorbereitungsdienst, S. 95.
22   Siehe etwa Berlin, S. 27.

nach Verbrechen mit einer zu erwartenden Freiheitsstrafe von über vier Jahren vor dem Landgericht zu verhandeln sind. Hier ist das schwerste der vom Beschuldigten tatmehrheitlich verwirklichten Delikte der besonders schwere Raub gem. § 250 Abs. 2 Nr. 1 StGB, der mit Freiheitsstrafe von mindestens fünf Jahren bedroht ist. Ein minder schwerer Fall gem. § 250 Abs. 3 StGB kommt nicht in Betracht. Vertypte Strafmilderungsgründe liegen nicht vor. Damit wird schon die zu erwartende Einsatzstrafe für die gem. §§ 53, 54 StGB zu bildende Gesamtfreiheitsstrafe mindestens fünf Jahre betragen."

2. Jugendliche (14-18 Jahre)

Haben Sie in der Klausur einen **jugendlichen** Beschuldigten anzuklagen, werden Sie 131
dessen Alter schon im A-Gutachten unter dem Gesichtspunkt der „Schuld" angesprochen haben (§§ 1, 3 JGG!). Auch bei der sachlichen Zuständigkeit des Gerichts ist sein Alter von Bedeutung.

Im Grundsatz ist das **Jugendschöffengericht** gem. § 40 JGG zuständig (sog. Allzuständigkeit), es sei denn der Jugendrichter oder die Jugendkammer am Landgericht ist zur Entscheidung berufen.

Beim **Jugendrichter** ist gem. § 39 JGG anzuklagen, wenn als Sanktionsfolge *Erziehungsmaßregeln* (Weisungen, § 10 JGG; Hilfe zur Erziehung, § 12 JGG) oder *Zuchtmittel* (Verwarnung, Auflagen oder Jugendarrest, § 13 Abs. 2 JGG) in Betracht kommen.

Die Große **Jugendkammer** am Landgericht ist demgegenüber in den Fällen des § 41 Abs. 1 JGG zuständig, z.B. bei Schwurgerichtssachen, § 41 Abs. 1 Nr. 1 JGG.

3. Heranwachsende (18-21 Jahre)

Sind die Beschuldigten **Heranwachsende**, sprechen Sie dies in der Klausur erstmals 132
bei der sachlichen Zuständigkeit des Gerichts an. Sie richtet sich danach, ob die Anwendung von Jugend- oder Erwachsenenstrafrecht zu erwarten ist. Welches Recht schließlich Anwendung findet, entscheidet das Gericht nach dem Eindruck in der Hauptverhandlung. Heranwachsende müssen aus diesem Grund *stets* vor dem Jugendgericht angeklagt werden, da nie auszuschließen ist, dass Jugendstrafrecht anzuwenden sein wird.

Ob Jugend- oder Erwachsenenstrafrecht Geltung beansprucht, regelt § 105 JGG. Sie prognostizieren, ob beim Heranwachsenden *Reifeverzögerungen* (Kriterien z.B. Alter; Ausübung eines Berufes; Taschengeld; keine ernsthafte Lebensplanung; eigene Wohnung) vorliegen oder die Tat eine *typische Jugendverfehlung* (Kriterien z.B. Imponiergehabe; jugendlicher Leichtsinn) ist, was jeweils die Anwendung von Jugendstrafrecht rechtfertigt.[23]

Ist die Anwendung von Jugendstrafrecht zu erwarten, richtet sich die sachliche Zuständigkeit des Gerichts nach denselben Grundsätzen wie bei Jugendlichen, §§ 108 Abs. 1, 105 JGG.

---

23 *Ostendorf*, ZJJ 2010, 183, 185.

Erwarten Sie als Staatsanwalt, dass kein Jugendstrafrecht anzuwenden sein wird, ist trotzdem vor einem Jugendspruchkörper anzuklagen (§ 108 Abs. 2 und 3 JGG). Die sachliche Zuständigkeit des Gerichts bemisst sich in diesem Fall am Maßstab des Erwachsenenstrafrechts, nur dass Sie ein „Jugend-" vor den Spruchkörper schreiben müssen. Folglich ist bei Vergehen mit einer Straferwartung von bis zu 2 Jahren Freiheitsstrafe zum *Jugend*richter (§ 108 Abs. 2 JGG i.V.m. § 25 GVG), bei Vergehen mit einer Straferwartung von mehr als 2 bis 4 Jahren oder Verbrechen bis 4 Jahren Freiheitsstrafe zum *Jugend*schöffengericht (§ 108 Abs. 3 S. 1 JGG) und bei einer Straferwartung von mehr als 4 Jahren zur Großen *Jugend*kammer beim Landgericht (§ 108 Abs. 3 S. 2 JGG) anzuklagen.

> **Beachte:** Bei *Vergehen* kann die Frage, ob Jugend- oder Erwachsenenstrafrecht auf den Heranwachsenden zur Anwendung kommen soll, zumeist offen bleiben. Denn bei Anwendung von Jugendrecht wäre – zumal wenn der Beschuldigte nicht vorbelastet ist – keine Jugendstrafe zu erwarten (= Jugendrichter, § 39 JGG) und bei Anwendung von Erwachsenenstrafrecht dürfte die Strafgewalt des Strafrichters ausreichen (= Jugendrichter, § 108 Abs. 2 JGG).[24]

4. Gemeinsame Anklage von Erwachsenen und Jugendlichen/ Heranwachsenden

133 Selbstverständlich kann es in der Klausur erforderlich werden, Erwachsene gemeinsam mit Jugendlichen bzw. Heranwachsenden gem. § 103 JGG anzuklagen. Zum Schutze der Jugendlichen und Heranwachsenden ist grundsätzlich das Jugendgericht zuständig, § 103 Abs. 2 JGG. Sie ermitteln den richtigen Spruchkörper, indem Sie den „höchsten" zuständigen Spruchkörper auswählen und („Jugend…") davor schreiben. In **Jugendschutzsachen** kann es gem. § 26 GVG sogar erforderlich werden, ausschließlich einen Erwachsenen vor dem Jugendgericht anzuklagen.

II. Örtliche Zuständigkeit

134 Das örtlich zuständige Gericht ist bei Erwachsenen grundsätzlich nach dem Tatort zu ermitteln, § 7 StPO. Für Jugendliche und Heranwachsende gilt häufig die vorrangige **Wohnsitzzuständigkeit**, (bei Heranwachsenden § 108 Abs. 1 i.V.m.) § 42 Abs. 1 JGG. Treffen mehrere Gerichtsstände zusammen, finden §§ 12, 13 StPO Anwendung.

D. „Wer?" – Mitteilungen

135 Im Anschluss ist zu klären, wer von der Erhebung der Anklage in Kenntnis gesetzt werden muss. Dies wird u.a. durch die **Anordnung über Mitteilungen in Strafsachen (MiStra)** geregelt. In dieser auf Grundlage des § 12 Abs. 5 S. 1 EGGVG erlassenen Bundesverwaltungsvorschrift werden die Mitteilungspflichten, die sich aus

---

24 *Möller/Hamdi* mit Formulierungsbeispiel, JuS 2011, 324, 326.

dem EGGVG und der StPO ergeben, für die Justizverwaltung bindend konkretisiert. Nach Nr. 6 Abs. 4 MiStra umfassen Mitteilungen die Abschrift der Anklageschrift bzw. gleichstehender Entscheidungen. Teilweise – z.B. bei einer Anklage gegen einen Richter, Nr. 15 Abs. 5 MiStra – wird die Anklageerhebung dem Dienstvorgesetzten als „vertrauliche Personalsache" mitgeteilt. Zu beachten ist, dass die Ausländerbehörde nach der Neufassung der Nr. 43 MiStra keine Mitteilung der Anklageerhebung mehr erhält.

Einen Abdruck der **MiStra** finden Sie im Schönfelder Ergänzungsband (Nr. 90c) und im *Meyer-Goßner/Schmitt* (Anhang 13). Hier sollten Sie sich – soweit erlaubt – die wichtigsten Fälle unterstreichen:

Übersicht: MiStra

Mitteilungen in Strafsachen (MiStra)		
Beschuldigter	**Stelle**	**MiStra-Nr.**
Jugendliche	Jugendgerichtshilfe	Nr. 32
Heranwachsende	Jugendgerichtshilfe	Nr. 32 (§§ 70, 109 JGG)
Soldaten	Befehlshaber des Wehrbereichs	Nr. 19
Beamte / Richter	Dienstvorgesetzter	Nr. 15
Verurteilte, deren Strafvollstreckung zur Bewährung ausgesetzt ist	Gericht, das den Bewährungsbeschluss erlassen hat	Nr. 13
Strafgefangene / Untersuchungshäftlinge in *anderer* Sache	Justizvollzugsanstalt	Nr. 43

Wird Anklage gegen einen **Untersuchungshäftling** erhoben, ist zu unterscheiden: Sitzt er in *anderer Sache* (= nicht wegen der anzuklagenden Delikte) in Untersuchungshaft, ist der Justizvollzugsanstalt gem. Nr. 43 MiStra die Anklageerhebung mitzuteilen. Befindet sich der Beschuldigte hingegen in *derselben Sache* in Untersuchungshaft, erhält die Justizvollzugsanstalt eine Abschrift der Anklageschrift gem. § 114d Abs. 2 S. 1 StPO. Da mit Anklageerhebung die Zuständigkeit der Haftkontrolle gem. § 126 Abs. 2 S. 1 StPO vom Haftrichter auf das Hauptsachegericht wechselt, ist der bisherige Haftrichter davon – wenn auch ohne Abschrift der Anklageschrift – in Kenntnis zu setzen (§ 114d Abs. 2 S. 1 i.V.m. § 126 Abs. 1 StPO).

E. „Worauf?" – Hinweis auf besondere Rechtsfolgen des Urteils

136 Auf besondere Rechtsfolgen des späteren Urteils soll bereits in der Anklageschrift hingewiesen werden (Nr. 110 Abs. 2 lit. g RiStBV). Der Staatsanwalt entlastet dadurch das Gericht hinsichtlich seiner Hinweispflicht aus § 265 StPO. Denn sollten die Hinweise in der Anklageschrift fehlen, müsste das Gericht den Angeklagten zur Wahrung seiner Verteidigungsmöglichkeiten auf die besondere Rechtsfolge hinweisen, bevor es diese ausurteilen darf. Hinzuweisen ist etwa auf das **Berufsverbot** gem. § 70 StGB, das **Fahrverbot** gem. § 44 StGB, die **Einziehung von Taterträgen** (früher „Verfall" genannt) gem. §§ 73 ff. StGB und – typischerweise in der Klausur – auf die **Entziehung der Fahrerlaubnis**, §§ 69, 69a Abs. 1 S. 3 StGB (wenn keine Fahrerlaubnis vorliegt, kommt eine isolierte Sperrfrist in Betracht), und die **Einziehung von Tatmitteln** etc. gem. § 74 StGB.

> **Aufbauhinweis:** Die Prüfung dieser Rechtsfolgen wird von Bundesland zu Bundesland unterschiedlich verortet. Im GPA-Bereich und in NRW werden sie üblicherweise im A-Gutachten unter dem Gliederungspunkt „Strafe" bzw. „Nebenfolgen" geprüft. In Hessen, Niedersachsen und Sachsen-Anhalt erfolgt die Prüfung im B-Gutachten.[25]

I. Entziehung der Fahrerlaubnis, § 69 StGB

137 In den (verkehrsstrafrechtlichen) Klausurakten ist häufig auf die **Entziehung der Fahrerlaubnis gem. § 69 StGB** hinzuweisen. Sie ist eine Maßregel der Sicherung und Besserung und keine Strafe, weshalb auch Schuldunfähigen die Entziehung der Fahrerlaubnis unter den Voraussetzungen des § 69 StGB droht. Die Rechtsfolgen der Entziehung ergeben sich aus § 69 Abs. 3 StGB:

- Die **Fahrerlaubnis** als Verwaltungsakt (§ 2 Abs. 1 S. 1 StVG) wird *entzogen*
- Der **Führerschein** als amtliche Bescheinigung der Fahrerlaubnis (§ 2 Abs. 1 S. 3 StVG) wird *eingezogen* (also vernichtet!)

§ 69 StGB setzt zunächst voraus, dass der Täter wegen einer Straftat bestraft wird, die er u.a. bei oder im Zusammenhang mit dem **Führen eines Kraftfahrzeugs** begangen hat.

> **Beachte:** Das Fahrrad ist kein Kraftfahrzeug, sodass – entgegen verbreitetem (Irr-)Glauben – der alkoholbedingt fahruntüchtige Fahrradfahrer nicht mit der Entziehung der Fahrerlaubnis *gemaßregelt* werden kann. Die ordnungsrechtliche Entziehung der Fahrerlaubnis gem. § 46 Abs. 1 S. 1 FeV ist selbstverständlich möglich.[26]

Ferner muss sich aus der Tat die **Ungeeignetheit des Täters** ergeben, ein Kraftfahrzeug im Straßenverkehr zu führen. Das ist nach BGH zu bejahen, wenn sich aus der Würdigung seiner *körperlichen* (z.B. Sehfehler), *geistigen* (z.B. Alzheimer-Erkran-

---

25 *LJPA Celle*, Nds. Vorbereitungsdienst, S. 94; Sachsen-Anhalt, S. 8.
26 Siehe BVerwG, Urteil v. 21.5.2008; Az.: 3 C 32.07.

kung) oder *charakterlichen* Voraussetzungen und der sie wesentlich bestimmenden objektiven und subjektiven Umstände ergibt, dass seine Teilnahme am Kraftfahrzeugverkehr zu einer nicht hinnehmbaren Gefährdung der Verkehrssicherheit führen würde.[27]

In **§ 69 Abs. 2 StGB** sind Strafvorschriften aufgelistet, bei deren Verwirklichung der Täter in der Regel als charakterlich ungeeignet zum Führen eines Kfz anzusehen ist. Da es sich um bloße Regelbeispiele handelt, kann die Regelvermutung der mangelnden Eignung zum Zeitpunkt der Tat *widerlegt* werden, namentlich bei Vorliegen besonderer Umstände (z.B. Tatbegehung unter dem Eindruck einer Ehekrise; weitere Beispiele bei *Fischer*, § 69 Rn. 35). Beachten Sie die in § 69 StGB vorgenommenen Einschränkungen bei der Anlasstat gem. § 142 StGB auf einen **bedeutenden Schaden** an fremden Sachen. Dieser wird in der Rechtsprechung gegenwärtig bei Schäden ab 1.300 € bejaht.[28]

Formulierungsbeispiel: „Dem Beschuldigten wird im Urteil gem. §§ 69, 69a StGB die Fahrerlaubnis zu entziehen sein, worauf gem. Nr. 110 Abs. 2 lit. g RiStBV schon in der Anklageschrift hinzuweisen ist. Die Anlasstat des unerlaubten Entfernens vom Unfallort gem. § 142 StGB hat zu einem Fremdschaden in Höhe von 2.000 € geführt, mithin zu einem „bedeutenden Schaden" im Sinne des § 69 Abs. 2 Nr. 3 3. Var. StGB, der in der Rechtsprechung ab einer Höhe von 1.300 € angenommen wird. Der Beschuldigte konnte diesen Schadensumfang auch erkennen. Gesichtspunkte, die die Regelvermutung des § 69 Abs. 2, letzter Hs. StGB widerlegen, sind nicht ersichtlich."

Sollen **andere Delikte** als die Regelbeispiele des § 69 Abs. 2 StGB abgeurteilt werden, ist die Würdigung der Täterpersönlichkeit erforderlich, soweit sie in der Anlasstat zum Ausdruck gekommen ist. Bei verkehrsspezifischen Anlasstaten (z.B. §§ 240, 315b, 316a StGB und § 21 StVG) wird der Begründungsaufwand für die Ungeeignetheit geringer sein als bei verkehrsunspezifischen Taten. Wann verkehrsunspezifische Taten **im Zusammenhang** mit dem Führen eines Kraftfahrzeugs gem. § 69 Abs. 1 S. 1 StGB stehen, hat der *Große Strafsenat* des BGH beantwortet: Danach setzt die Entziehung der Fahrerlaubnis wegen charakterlicher Ungeeignetheit voraus, dass sich aus der Anlasstat tragfähige Rückschlüsse darauf ergeben, dass der **Täter bereit ist, die Sicherheit des Straßenverkehrs seinen kriminellen Interessen unterzuordnen.**[29] Das wird zu bejahen sein, wenn der Täter einen verkehrsgefährdenden Einsatz seines Kfz geplant hat, wie häufig in den klausurrelevanten „Polizeifluchtfällen". Nicht ausreichend ist es aber, wenn das Kfz lediglich zum Transport von Betäubungsmitteln gebraucht wird.[30]

§ 69 StGB setzt nach aktueller Rechtsprechung des BGH **nicht** voraus, dass die Tat im **öffentlichen Verkehrsraum** stattgefunden hat. Im Fall hatte der Angeklagte einen Totschlagsversuch durch Zufahren mit einem Transporter auf die Nebenklägerin im Hof eines Wohnhauses unternommen. Nach BGH fordert der *Wortlaut* des § 69 StGB nicht, dass die Anlasstat im öffentlichen Verkehrsraum stattgefunden haben muss. Gegen eine solche Einschränkung spreche zudem der *Zweck der Maßregel*

---

27   BGH StV 2004, 132.
28   *Fischer*, § 69 Rn. 29.
29   BGHSt 50, 93; *Fischer*, § 69 Rn. 44 ff.
30   BGH StV 2006, 186; *Fischer*, § 69 Rn. 45a f. m.w.N.

des § 69 StGB. Denn auch im nichtöffentlichen Verkehrsraum müsse durchgesetzt werden, fahrungeeignete Täter von einer Teilnahme als Kraftfahrer am Straßenverkehr auszuschließen.[31]

138 Steht Ihnen in der Klausur nur noch wenig Zeit zur Verfügung, sollten Sie die **Prüfung der §§ 69, 69a StGB in die Prüfung eines Antrags nach § 111a StPO integrieren**, da dessen Voraussetzungen in den Klausurfällen häufig ebenfalls zu bejahen sein werden.

II. Einziehung, § 74 StGB

139 In den Klausuren wird zudem häufig der Hinweis auf die **Einziehung** von Tatmitteln und -produkten zu prüfen sein. Das Gesetz erlaubt dem Gericht gem. § 74 StGB die Tatprodukte oder Tatwerkzeuge einzuziehen. Sie prüfen:

- *Vorliegen einer vorsätzlichen Straftat*: Die Straftat muss vorsätzlich (!) und grundsätzlich schuldhaft begangen worden sein, da der Einziehung der Rechtsnatur einer Strafe zukommen kann. Nur unter den Voraussetzungen des § 74b StGB, der sog. Sicherungseinziehung, kann der Gegenstand auch dann eingezogen werden, wenn der Täter ohne Schuld handelte.

- Taugliche Gegenstände: Eingezogen werden können im Grundsatz nur **Tatmittel** (instrumenta sceleris) oder **Tatprodukte** (productum sceleris), nicht aber die Gegenstände, auf die sich die Tat bezieht (**Tatobjekte** bzw. sog. **Beziehungsgegenstände**). Darunter sind Sachen und Rechte zu verstehen, die nicht Werkzeug *für* oder Produkt *der* Tat sind, sondern notwendige Gegenstände der Tat selbst, wie z.B. das Auto beim Fahren ohne Fahrerlaubnis.[32] Tatobjekte können gem. § 74 Abs. 2 StGB nur nach Maßgabe besonderer Vorschriften eingezogen werden. Dies ist beispielsweise bei (unechten) Urkunden in der Variante des Verwendens und Gebrauchens gem. § 267 StGB (Beziehungsgegenstände) erforderlich (**nicht** beim Herstellen von unechten Urkunden = Tatprodukte), die Tatobjekte darstellen mit der Folge, dass sie über § 74 Abs. 1 StGB nicht eingezogen werden könnten. Dies hat der Gesetzgeber freilich nicht gewollt und deshalb für diese Urkunden in § 282 StGB eine ausdrückliche Einziehungsregelung getroffen, die über § 74 Abs. 2 StGB Anwendung findet. Vergleichbare Vorschriften finden Sie auch im Nebenstrafrecht (z.B. für Waffen gem. § 54 WaffG oder für Fahrzeuge gem. § 21 Abs. 3 StVG).

- Vorliegen der Voraussetzungen des § 74 Abs. 3 StGB oder § 74b StGB (alternativ!):
  - Gegenstand **gehört** dem Täter/Teilnehmer bzw. **steht** diesem **zu**
    oder
  - Gegenstand ist nach Art und den Umständen geeignet **die Allgemeinheit zu gefährden** (sog. Sicherungseinziehung, § 74b Abs. 1 1. Var. StGB)
    oder

---

31 BGH NStZ 2020, 214.
32 *Fischer*, § 74 Rn. 17.

– es besteht die Gefahr, dass der Gegenstand der **Begehung rechtswidriger Taten dient** (Sicherungseinziehung, § 74b Abs. 1 2. Var. StGB)
● Verhältnismäßigkeit, § 74f StGB

In den gesichteten Lösungsretenten fallen die Ausführungen zur Einziehung typischerweise knapp aus. Von Ihnen wird regelmäßig keine ausführliche Prüfung der Voraussetzungen des § 74 StGB gefordert sein.

F. „Welche?" – Beweismittel

In einigen Bundesländern sind die Beweismittel in der Anklageschrift aufzuführen, in anderen Bundesländern wie Niedersachsen und Sachsen-Anhalt ist dies erlassen. Dort soll aber (vorbehaltlich anders lautender Bearbeitervermerke) im B-Gutachten dargelegt werden, welche Beweismittel für die durchzuführende Hauptverhandlung benötigt werden.

140

> **Beachte:** Im A-Gutachten prüfen Sie, ob bestimmte Beweismittel überhaupt verwertet werden können. Eine andere Frage ist, wie das (verwertbare) Beweismittel in die Hauptverhandlung eingeführt werden kann. Dazu sollen Sie in einigen Bundesländern im B-Gutachten, in anderen Bundesländern schon im A-Gutachten Stellung beziehen. Es wäre also ggf. schon im A-Gutachten verlangt anzugeben, dass beispielsweise zum Nachweis der Verletzung des Geschädigten das Attest gemäß § 256 Abs. 1 Nr. 2 StPO verlesbar ist.

In die Anklageschrift werden nur die Beweismittel aufgenommen, die zur Aufklärung des Sachverhalts und zur Beurteilung der Person des Angeschuldigten wesentlich sind (Nr. 111 Abs. 1 RiStBV). Reicht das **Geständnis des Beschuldigten** voraussichtlich zur vollständigen Beurteilung der Tat (einschließlich der Strafzumessung) aus, kann in der Anklageschrift gem. Nr. 111 Abs. 4 RiStBV auf die Angabe von Belastungszeugen verzichtet werden.

Werden **Zeugen** benötigt, soll in der Anklageschrift gem. § 200 Abs. 1 S. 3 StPO neben dem Namen auch der *Wohnort* angegeben werden, wobei die vollständige Wohnanschrift nicht angegeben werden braucht. Bei Polizeibeamten genügt gem. §§ 200 Abs. 1 S. 4 i.V.m. 68 Abs. 1 S. 2 StPO von vornherein nur die Angabe des *Dienstortes*.

Beachten Sie, dass Beweismittel auf unterschiedlichem Weg in die Hauptverhandlung eingeführt werden, **Urkunden** etwa durch Verlesung (§ 249 Abs. 1 S. 1 StPO). In § 256 StPO erlaubt es der Gesetzgeber, die dort aufgeführten Urkunden zu verlesen, statt – wie es der Unmittelbarkeitsgrundsatz gebietet – den jeweiligen Inhalt über den Zeugen- bzw. Sachverständigenbeweis in die Hauptverhandlung einzuführen. Häufig liegen den Klausurakten mit verkehrsstrafrechtlichem Einschlag **BAK-Gutachten** bei; diese können über **§ 256 Abs. 1 Nr. 4 StPO** im Wege des Urkundenbeweises verlesen werden. Es muss also gerade nicht der rechtsmedizinische Sachverständige geladen werden, damit dieser zur Höhe des BAK-Wertes aussagt; im Gegenteil, ausweislich Nr. 111 Abs. 3 S. 2 RiStBV ist es sogar geboten, den Sachverständigenbeweis über die Verlesung der Urkunde in die Hauptverhandlung einzuführen.

Nach § 256 Abs. 1 Nr. 1a StPO können die ein Zeugnis oder ein Gutachten enthaltenen Erklärungen von öffentlichen Behörden verlesen werden. So muss beispielsweise ein Arzt einer Universitätsklinik, der eine **Lebendbegutachtung** an dem Tatopfer vorgenommen hat, nicht als Sachverständiger vernommen werden. Dessen Gutachten ist gem. § 256 Abs. 1 Nr. 1a StPO verlesbar, da Universitätskliniken Behörden gem. § 256 Abs. 1 Nr. 1a StPO sind.[33] Unter § 256 Abs. 1 Nr. 1a StPO fallen auch **DNA-Gutachten** der Landeskriminalämter.[34]

Klausurrelevant ist auch die Regelung des **§ 256 Abs. 1 Nr. 2 StPO**: Danach können **ärztliche Atteste** verlesen werden, und zwar *unabhängig* vom Tatvorwurf.

Urkunden sind von **Augenscheinsobjekten** abzugrenzen. Ist für den Schuldnachweis die äußere Gestalt eines Schriftstücks bedeutsam (z.B. für den Nachweis der Unterschriftenfälschung die Handschrift des Beschuldigten auf dem Mietvertrag), ist es als Augenscheinsobjekt in die Hauptverhandlung einzuführen, da nicht dessen Inhalt, sondern die äußere *Beschaffenheit* des Mietvertrages bedeutsam ist.[35] Wäre demgegenüber z.B. die Höhe der vereinbarten Miete – also dessen gedanklicher *Inhalt* – strafprozessual relevant, wäre der Vertrag als Urkundenbeweis durch Verlesung in den Prozess einzuführen.

Zweiter Abschnitt

(Teil-)Einstellung des Verfahrens

141 In einem weiteren Schritt stellen Sie fest, bezüglich welcher Delikte der hinreichende Tatverdacht fehlt. Sie erörtern, ob wegen dieser Delikte die (Teil-)Einstellung des Verfahrens gegen den/die Beschuldigten zu erfolgen hat. Die Frage einer Teileinstellung begegnet Ihnen in zwei Klausurkonstellationen: Im Ermittlungsverfahren

- **gegen mehrere Beschuldigte**, wenn gegen einen der Beschuldigten kein hinreichender Tatverdacht besteht und das Verfahren gegen ihn einzustellen ist oder
- **gegen einen Beschuldigten**, der sich nicht bezüglich sämtlicher prozessualer Taten hinreichend verdächtig gemacht hat.

Die (Teil-)Einstellung gem. § 170 Abs. 2 StPO kommt aber von vornherein nur dann in Betracht, wenn der hinreichende Tatverdacht bezüglich einer prozessualen Tat fehlt.

▸ **Merke:** Es können nur *prozessuale Taten* eingestellt werden, nicht einzelne Delikte!

Liegen die Voraussetzungen vor, sind diese im Vermerk in aller Kürze darzulegen:

Formulierungsbeispiel: „Gemäß dem Grundsatz, dass nur prozessuale Taten, nicht aber Delikte eingestellt werden können, ist vorliegend das Verfahren betreffend der Delikte a) und c)

---

33 Vgl. *Diemer*, in: KK-StPO, 8. Aufl. 2019, StPO § 256 Rn. 4.
34 Vgl. *Diemer*, in: KK-StPO, 8. Aufl. 2019, StPO § 256 Rn. 4.
35 Vgl. *Meyer-Goßner/Schmitt*, § 249 Rn. 7.

einzustellen. Beide Delikte bilden eine prozessuale Tat, innerhalb derer kein Delikt angeklagt werden kann. Beide Handlungsgeschehen sind bei natürlicher Betrachtung ein einheitlicher Lebenssachverhalt, da eine isolierte Betrachtung beider Delikte als unnatürliche Aufspaltung wahrgenommen werden müsste."

Umgekehrt kommt eine Teileinstellung gem. § 170 Abs. 2 StPO nicht in Betracht, wenn Sie den hinreichenden Tatverdacht bezüglich eines Delikts verneint haben, das mit dem anzuklagenden Delikt eine prozessuale Tat bildet. Hier ist bezüglich des fehlenden Tatverdachts ein **Vermerk** in der Abschlussverfügung aufzunehmen.

Formulierungsbeispiel: „**Vermerk:** Wegen des fehlenden hinreichenden Tatverdachts bezüglich Delikt a) ist das Strafverfahren nicht einzustellen, da lediglich prozessuale Taten, nicht aber Delikte eingestellt werden können. Hier bildet das Delikt a) zusammen mit Delikt b), das angeklagt werden soll, eine prozessuale Tat. Denn beide Geschehen sind bei natürlicher Betrachtung als ein einheitlicher Lebenssachverhalt anzusehen, da eine isolierte Betrachtung beider Delikte als unnatürliche Aufspaltung wahrgenommen werden müsste."

A. Einstellungsbescheid

Stellt der Staatsanwalt das Verfahren ein, muss er dem Antragsteller gem. § 171 S. 1 StPO grundsätzlich einen Einstellungsbescheid erteilen. Wurde die Ermittlungstätigkeit durch eine Strafanzeige gem. § 158 Abs. 1 StPO initiiert, ist die Bescheidung sogar zwingend.   **142**

Formulierungsbeispiel: „Bezüglich der Tat … ist dem Antragsteller Nico Werning gem. § 171 S. 1 StPO ein Einstellungsbescheid zu erteilen, da er ausdrücklich Strafantrag gestellt hat."

Einer Bescheidung bedarf es hingegen nicht, wenn der Anzeigende eine bloße Anregung geben wollte und er erkennbar auf eine Nachricht verzichtet hat oder es sich um einen uneinsichtigen Querulanten handelt.[36]

Hintergrund: „Strafantrag"

Der Strafantrag gem. § 171 StPO ist von dem Strafantrag gem. § 77 StGB zu unterscheiden. Wird eine Straf*anzeige* mit dem Ziel der Strafverfolgung gestellt, handelt es sich um einen Strafantrag gem. § 171 StPO, auf den § 158 Abs. 1 2. Var. StPO Bezug nimmt. Dagegen bezieht sich § 158 Abs. 2 StPO auf den Strafantrag gem. § 77 StGB, der u.a. nur vom Verletzten und gem. § 77b Abs. 1 S. 1 StGB nur binnen drei Monaten gestellt werden kann. Folglich ist der Begriff des Strafantrags in § 171 StPO weiter als der in § 77 StGB und löst die dortigen Bescheidungspflichten schon dann aus, wenn der Anzeigenerstatter die Strafverfolgung wünscht, ohne selbst Verletzter gem. § 77 StGB zu sein.

---

36 *Meyer-Goßner/Schmitt*, § 171 Rn. 2.

B. Rechtsmittelbelehrung

143 Dem Antragsteller wird die Einstellung des Verfahrens in der Regel nicht gefallen. Zur prozessualen Absicherung des Legalitätsprinzips (materiell-rechtlich wird es bekanntlich über § 258a StGB abgesichert) stellt der Gesetzgeber die Rechtsschutzmöglichkeit des Klageerzwingungsverfahrens gem. §§ 172 ff. StPO zur Verfügung. Danach kann sich der Antragsteller, der zugleich Verletzter ist, gegen den Einstellungsbescheid zunächst mit der sog. **Vorschaltbeschwerde** wehren. Hierüber muss der Staatsanwalt den Verletzten in dem Einstellungsbescheid belehren (Rechtsmittelbelehrung), § 171 S. 2 StPO.

Die Rechtsmittelbelehrung hat denklogisch zu unterbleiben, wenn das Klageerzwingungsverfahren ausgeschlossen ist. Dies ist gem. § 172 Abs. 2 S. 3 StPO der Fall, wenn die prozessuale Tat *ausschließlich* (!) ein **Privatklagedelikt** betrifft oder das Verfahren durch eine **Opportunitätsentscheidung** wie § 153a oder § 154 StPO eingestellt wurde.

> ▶ **Merke:** Die Rechtsmittelbelehrung ist zu erteilen:
>
> **1.** Antragsteller ist Verletzter *und*
>
> **2.** Prozessuale Tat betrifft nicht ausschließlich ein Privatklagedelikt *und*
>
> **3.** Keine Einstellung nach dem Opportunitätsprinzip

Formulierungsbeispiel: „Im Einstellungsbescheid ist keine Rechtsmittelbelehrung zu erteilen, da die einzustellende (prozessuale) Tat mit der Sachbeschädigung ausschließlich ein Privatklagedelikt gem. § 374 Abs. 1 Nr. 6 StGB betrifft, bei dem gem. §§ 171 S. 2 i.V.m. § 172 Abs. 2 S. 3 StPO das Klageerzwingungsverfahren ausgeschlossen ist."

C. Einstellungsnachricht und Belehrung über Entschädigung

144 Hinsichtlich der eingestellten Taten ist dem Beschuldigten eine **Einstellungsnachricht (= EN)** zu erteilen, falls – alternativ – ein Fall des § 170 Abs. 2 S. 2 StPO vorliegt, also wenn der Beschuldigte beispielsweise vernommen worden ist. Auch im Fall der (klausurrelevanten) Teileinstellung erhält der Beschuldigte eine EN, obwohl er im Übrigen angeklagt wird. In der Praxis wird dies freilich häufig als „untunlich" empfunden und auf eine EN verzichtet.

Der Beschuldigte ist gem. § 9 Abs. 1 S. 5 StrEG u.a. über sein **Recht auf Beantragung einer Entschädigung** zu belehren, soweit gegen ihn Maßnahmen gem. § 2 StrEG erfolgt sind und die Staatsanwaltschaft das Verfahren eingestellt hat. Klausurrelevante Fälle sind:

- Untersuchungshaft, § 2 Abs. 1 StrEG
- Vorläufige Festnahme gem. § 127 Abs. 2 StPO, § 2 Abs. 2 Nr. 2 StrEG
- Vorläufige Entziehung der Fahrerlaubnis, § 2 Abs. 2 Nr. 5 StrEG
- Durchsuchung, § 2 Abs. 2 Nr. 4 StrEG

Dritter Abschnitt

Anträge und Asservate

Vielfach werden Sie in der Klausur verfahrensbezogene Anträge je nach OLG-Bezirk entweder in der Abschlussverfügung oder in der Anklageschrift zu stellen haben. Neben dem *Antrag auf Eröffnung des Hauptverfahrens*, der in jede Anklageschrift gehört, kommen in der Klausur häufig die folgenden Anträge und Verfügungen in Betracht. **145**

A. Antrag auf Erlass eines Haftbefehls/Haftfortsetzung

Ist der Beschuldigte auf freiem Fuß oder vorläufig festgenommen, ist zu überlegen, ob Sie den **Erlass eines Haftbefehls** beantragen sollten. Ist der Beschuldigte hingegen schon in Untersuchungshaft oder liegt ein Haftverschonungsbeschluss vor, ist ggf. die **Haftfortdauer** (Nr. 110 Abs. 4 RiStBV, § 207 Abs. 4 StPO) bzw. die Aufrechterhaltung des Haftbefehls nach Maßgabe des Haftverschonungsbeschlusses zu beantragen. Selbst wenn der Beschuldigte **in anderer Sache inhaftiert** ist, sollte Untersuchungshaft beantragt werden (sog. **Überhaft**), um zu gewährleisten, dass keine Abhängigkeit zu Haftentscheidungen in anderen Verfahren besteht. **146**

Das **Prüfungsprogramm** folgt aus § 112 Abs. 1 StPO:

- Dringender Tatverdacht
- Haftgrund
- Keine Unverhältnismäßigkeit

I. Dringender Tatverdacht

Die erste Voraussetzung ist der **dringende Tatverdacht**. Er unterscheidet sich vom hinreichenden Tatverdacht in der Weise, dass er nach *gegenwärtigem* Ermittlungsstand die *große Wahrscheinlichkeit* voraussetzt, dass der Beschuldigte die Tat als Täter oder Teilnehmer schuldhaft (sonst § 126a StPO – selten klausurrelevant) begangen hat.[37] Ihre Ausführungen sollten sich nicht in der bloßen Feststellung erschöpfen, dass dringender Tatverdacht besteht. Prüfen sie die Verdachtsstufe prägnant durch. **147**

II. Haftgrund

Als zweite Voraussetzung muss ein Haftgrund vorliegen. Die Haftgründe ergeben sich aus den §§ 112 Abs. 2 und 112a StPO. In der Klausursituation kommen in erster Linie **Fluchtgefahr**, **Verdunkelungsgefahr** und der Haftgrund der **Schwerkriminalität** in seiner verfassungskonformen Auslegung in Betracht. **148**

---

37 *Meyer-Goßner/Schmitt*, § 112 Rn. 5.

1. Fluchtgefahr, § 112 Abs. 2 Nr. 2 StPO

149 Es müssen zureichende tatsächliche Anhaltspunkte für das Vorliegen von Fluchtgefahr vorliegen. Die Legaldefinition in § 112 Abs. 2 Nr. 2 StPO wird regelmäßig zu
einer Wahrscheinlichkeitsprognose abgewandelt, sodass abzuschätzen ist, ob sich der
Beschuldigte zur Verfügung halten oder sich absetzen wird.[38] Zu bejahen ist die
Fluchtgefahr, wenn es sich nach den Umständen des Einzelfalls als wahrscheinlicher
darstellt, dass sich der Beschuldigte dem Verfahren entziehen wird, als dass er sich
dem Verfahren zur Verfügung halten wird.[39] Die folgenden Indizien sind zu berücksichtigen:

- einschlägige/hohe Vorstrafen
- kein fester Wohnsitz
- keine familiäre/berufliche Bindung
- Fremdsprachenkenntnisse
- drohender Bewährungswiderruf

Auch die Aussicht auf eine erhebliche Freiheitsstrafe spielt eine Rolle, da dies beim
Beschuldigten einen gewichtigen **Fluchtanreiz** setzen könnte. Die Höhe der drohen-
den Strafe ist für sich genommen zwar noch kein Umstand, von dem allein auf die
Fluchtgefahr geschlossen werden dürfte. Jedoch werden die Anforderungen der Tatsachen, die als Anknüpfungspunkt für eine Fluchtgefahr herangezogen werden, abge-
senkt.[40]

Formulierungsbeispiel:[41] „Dem Beschuldigten droht eine Freiheitsstrafe von mindestens 5
Jahren. Der hierdurch gesetzte Fluchtanreiz wird durch seine persönlichen Verhältnisse nicht
entkräftet, da er wegen fehlender familiärer Bindungen örtlich nicht gebunden ist und zudem
über ausgezeichnete Kontakte ins Ausland verfügt (*Gegenbeispiel: er ist geständig und hat dadurch gezeigt, dass er sich seiner Verantwortung für die Tat stellen möchte*). Deshalb sollte ein
Haftbefehl wegen Fluchtgefahr gem. § 112 Abs. 2 Nr. 2 StPO beim gem. § 125 StPO zuständigen Amtsgericht Buxtehude beantragt werden."

2. Verdunkelungsgefahr, § 112 Abs. 2 Nr. 3 StPO

150 Der Haftgrund der **Verdunkelungsgefahr** wird bejaht, wenn das Verhalten des Beschuldigten den dringenden Verdacht begründet, dass durch den Beschuldigten oder
auf dessen Veranlassung auf Beweismittel eingewirkt und die Wahrheitsermittlung er-
schwert wird.[42] Im Klausurtext werden Hinweise zu finden sein, dass der Beschuldigte
sich nicht geständig zeigt und die Einwirkung auf Zeugen bzw. Mittäter ankündigt.

3. Schwere Tat, § 112 Abs. 3 StPO

151 Der – gegenüber den Haftgründen aus § 112 Abs. 2 StPO nachrangig – zu prüfende
Haftgrund aus § 112 Abs. 3 StPO lässt es in den dort genannten Fällen der Schwerkriminalität zu, Untersuchungshaft anzuordnen, *weil* der Beschuldigte einer schweren

---

38 *Meyer-Goßner/Schmitt*, § 112 Rn. 19.
39 *Meyer-Goßner/Schmitt*, § 112 Rn. 17.
40 *Meyer-Goßner/Schmitt*, § 112 Rn. 24.
41 Ähnlich *Möller/Hamdi*, JuS 2011, 324, 327.
42 *Meyer-Goßner/Schmitt*, § 112 Rn. 26.

Straftat verdächtigt wird. Der bloße, wenn auch dringende Verdacht würde bereits die Freiheitsentziehung des Beschuldigten rechtfertigen. Dies ist nach Ansicht des BVerfG unverhältnismäßig und deshalb verfassungswidrig, sodass § 112 Abs. 3 StPO verfassungskonform auszulegen ist.[43]

Die Untersuchungshaft gem. § 112 Abs. 3 StPO darf bei **verfassungskonformer Auslegung** nur angeordnet werden, wenn Umstände die Gefahr begründen, dass ohne Festnahme des Beschuldigten die alsbaldige Aufklärung und Ahndung der Tat gefährdet sein könnte. Ausreichend kann insofern schon die noch nicht mit bestimmten Tatsachen belegbare, aber nach den Umständen des Falles nicht auszuschließende Flucht- oder Verdunkelungsgefahr oder die ernstliche Befürchtung sein, dass der Täter weitere Taten ähnlicher Art begehen werde.[44]

▶ **Merke:** Der Haftgrund aus § 112 Abs. 3 StPO setzt voraus, dass zusätzlich zum Verdacht einer schweren Straftat **zumindest eine Flucht- oder Verdunkelungsgefahr möglich** erscheint; eine derartige Gefahr darf mit anderen Worten **nicht völlig ausgeschlossen** sein.

III. Verhältnismäßigkeit

Als dritte Voraussetzung ist die **Verhältnismäßigkeit** der Untersuchungshaft anzusprechen. An dieser Stelle sind der Eingriff in die Lebenssphäre des Betroffenen und z.B. die Konsequenzen für seine Gesundheit mit dem Strafverfolgungsinteresse der Allgemeinheit abzuwägen.   **152**

Beachten Sie, dass **Zweifel** an der Verhältnismäßigkeit die **Untersuchungshaft nicht ausschließen**, da nach überwiegender Meinung die Verhältnismäßigkeit keine Haftvoraussetzung, sondern die Unverhältnismäßigkeit einen Haftausschließungsgrund darstellt.[45]

IV. Sonstiges

Wenn der Haftrichter schon einen Haftbefehl erlassen hat, ist für die Anklageschrift der **Haftprüfungstermin** gem. § 121 StPO zu berechnen. Fristbeginn ist der *erste Tag der Untersuchungshaft*, nicht der Tag der vorläufigen Festnahme. Angenommen der Beschuldigte wird am 1. Januar 2020 vorläufig festgenommen und der zuständige Ermittlungsrichter am Amtsgericht (§ 125 StPO) erlässt am 2. Januar 2020 Haftbefehl, dann läuft die 6 Monatsfrist erst ab dem 2. Januar 2020. Der 2. Januar 2020 wird gemäß § 43 StPO *nicht* mit eingerechnet,[46] sodass die Frist am 2. Juli 2020 um 24 Uhr abläuft; dieser Tag ist zugleich der in der Anklageschrift zu notierende Haftprüfungstermin.   **153**

---

43   BVerfG NJW 1966, 243, 244; *Meyer-Goßner/Schmitt*, § 112 Rn. 37.
44   *Meyer-Goßner/Schmitt*, § 112 Rn. 37.
45   *Meyer-Goßner/Schmitt*, § 112 Rn. 8.
46   *Meyer-Goßner/Schmitt*, § 121 Rn. 4. Beachten Sie: *Meyer-Goßner* hatte in Vorauflagen noch die gegenteilige Auffassung vertreten.

154   Für jeden Untersuchungshäftling sollte überdies ein **Haftsonderheft** angelegt werden (Nr. 54 Abs. 3 RiStBV), zu dem eine Kopie der Abschlussverfügung sowie ein Doppel der Anklageschrift zu nehmen ist. Dies ist in der Klausursituation schlicht in der Abschlussverfügung zu verfügen.

155   Sitzt der Beschuldigte bereits in Untersuchungshaft und ergibt Ihre Prüfung, dass deren Voraussetzungen nicht mehr vorliegen, müssen Sie als Staatsanwalt dafür Sorge tragen, dass der Beschuldigte freigelassen wird. Es ist die **Aufhebung des Haftbefehls** zu beantragen (§ 120 Abs. 3 StPO: Haftbefehl *ist* aufzuheben; der Beschuldigte *muss* entlassen werden; § 120 Abs. 3 S. 2 StPO: „kann" ist ein „muss"!). Dem Aufhebungsantrag *hat* der Richter stattzugeben. Er fungiert im Ermittlungsverfahren lediglich als Haftrichter und überprüft die Rechtmäßigkeit der staatsanwaltlichen Maßnahme, mit denen in die Rechte des Beschuldigten eingegriffen wird. Da die Staatsanwaltschaft die sog. Herrin des Vorverfahrens ist, erfolgt durch den Richter keine Zweckmäßigkeitsprüfung.

B. Antrag auf Bestellung eines Pflichtverteidigers, § 140 StPO

156   Wenn sich für den Beschuldigten **noch kein (Wahl-)Verteidiger** legitimiert hat und ein **Fall der notwendigen Verteidigung** gem. § 140 StPO gegeben ist, müssen Sie in der klausurtypischen Situation – nämlich im Zeitpunkt der Anklageerhebung – einen Antrag auf Bestellung eines Pflichtverteidigers gem. § 141 Abs. 2 S. 1 Nr. 4 StPO stellen. Danach hat das Gericht – wie schon nach alter Rechtslage – von Amts wegen einen Pflichtverteidiger zu bestellen, wenn es den Angeschuldigten gemäß § 201 StPO zur Erklärung über die Anklageschrift aufgefordert hat.

Die Vorverlagerung des Entstehungszeitpunkts des Anspruchs auf einen Pflichtverteidiger schon im Ermittlungsverfahren (siehe § 140 Abs. 1 Nr. 1 StPO und § 140 Abs. 1 Nr. 4 StPO), ändert für die Klausurpraxis wenig. Ob dem Beschuldigten im Ermittlungsverfahren zu Unrecht noch kein Pflichtverteidiger bestellt wurde (dies hätten Sie dann ggf. bereits im A-Gutachten problematisiert), oder die Bestellung erst im Zwischenverfahren erfolgen muss, ist an dieser Stelle ohne Bedeutung. In beiden Fällen stellen Sie einen Antrag gem. § 141 Abs. 2 S. 1 Nr. 4 StPO auf Bestellung eines Pflichtverteidigers in der Abschlussverfügung bzw. in der Anklageschrift.

Formulierungsbeispiel im B-Gutachten: „Bei Gericht ist ein Antrag auf Bestellung eines Pflichtverteidigers zu stellen. Die Voraussetzungen gem. § 140 Abs. 1 Nr. 2 StPO sind gegeben. Denn der Beschuldigte wird wegen Raubes – ein Verbrechen – angeklagt."

157   Klausurrelevante Fälle der notwendigen Verteidigung sind:

- **Erwartung, dass die Hauptverhandlung vor dem Landgericht oder Schöffengericht stattfindet, § 140 Abs. 1 Nr. 1 StPO**

Erheben Sie die Anklage vor dem Landgericht oder Schöffengericht, ist die „Erwartung" zum hinreichenden Tatverdacht erstarkt und es liegt stets ein Fall des § 140 Abs. 1 Nr. 1 StPO vor. Eigenständige Bedeutung erlangt § 140 Abs. 1 Nr. 1 StPO gegenüber § 140 Abs. 1 Nr. 2 StPO übrigens dann, wenn Sie lediglich Vergehen anklagen.

- **Vorwurf eines Verbrechens, § 140 Abs. 1 Nr. 2 StPO**
- **Untersuchungshaft, § 140 Abs. 1 Nr. 5 StPO**

Befindet sich der Beschuldigte bereits in Untersuchungshaft und wurde ihm beispielsweise im Ermittlungsverfahren unter Verstoß gegen §§ 140 Abs. 1 Nr. 4, 141 Abs. 2 S. 1 Nr. 1 StPO noch kein Verteidiger bestellt, ist ein Fall notwendiger Verteidigung auch gem. § 140 Abs. 1 Nr. 5 StPO gegeben. Unter „Anstalt" ist u.a. die Justizvollzugsanstalt zu verstehen, sodass Straf- und Untersuchungshaft von der Regelung erfasst werden.[47]

- **Schwere der zu erwartenden Rechtsfolge/Schwierigkeit der Rechtslage, § 140 Abs. 2 StPO.**

Die Bestellung eines Pflichtverteidigers kann nach der Generalklausel des § 140 Abs. 2 StPO z.B. wegen der *Schwere der zu erwartenden Rechtsfolge* erforderlich werden. Auch wenn insofern **keine** starren Grenzen bestehen, wird eine Bestellung unstreitig für erforderlich gehalten, wenn eine Freiheitsstrafe **von über zwei Jahren** zu erwarten ist. Regelmäßig wird auch bei einer erwarteten **Freiheitsstrafe von einem Jahr** die Schwere der zu erwartenden Rechtsfolge bejaht, wobei in einfachen Fällen die Mitwirkung eines Verteidigers schon für entbehrlich gehalten wurde.[48] Beachten Sie, dass § 140 Abs. 2 StPO auch in weiteren Fällen zur Anwendung kommt, beispielsweise bei **Beamten**, die aufgrund einer Straftat im Zusammenhang mit ihrer dienstlichen Tätigkeit eine Entlassung aus dem Beamtenverhältnis zu befürchten haben.[49] Ist die *Sach- und Rechtslage* schwierig, etwa weil – wie oft in der Klausur – ein **Beweisverwertungsverbot** in Betracht kommt, liegt ebenfalls ein Fall notwendiger Verteidigung gem. § 140 Abs. 2 StPO vor.[50]

Der Fall notwendiger Verteidigung gem. **§ 140 Abs. 1 Nr. 4 StPO** (dazu Rn. 71) wird im B-Gutachten und im praktischen Teil demgegenüber keine Bedeutung haben. Denn im Zeitpunkt der Anklageerhebung dürfte die etwaige Vorführung zur Entscheidung über die Haft bereits stattgefunden haben.

Bitte beachten Sie erneut: Hat sich bereits ein **Wahlverteidiger** zur Akte legitimiert, ist ein Antrag auf Bestellung eines Pflichtverteidigers **nicht** erforderlich. Dies sollten Sie im B-Gutachten feststellen. Etwas anderes gilt nur, wenn der Wahlverteidiger unter Niederlegung seines Wahlmandats beantragt hat, dem Beschuldigten als Pflichtverteidiger beigeordnet zu werden.

C. Antrag auf vorläufige Entziehung der Fahrerlaubnis, § 111a StPO

Um den öffentlichen Straßenverkehr bis zur Hauptverhandlung vor weiteren Gefährdungen durch den Beschuldigten zu schützen, könnte der Antrag auf die vorläufige Entziehung der Fahrerlaubnis zu stellen sein. Sie prüfen, ob dringende Gründe für die

158

---

47 BeckOK StPO/*Krawczyk*, 37. Ed. 1.7.2020, StPO § 140 Rn. 11.
48 *Meyer-Goßner/Schmitt*, § 140 Rn. 23.
49 Zum Ganzen *Meyer-Goßner/Schmitt*, § 140 Rn. 32 f.
50 BeckOK StPO/*Krawczyk*, 37. Ed. 1.7.2020, StPO § 140 Rn. 35.

Annahme sprechen, dass dem Beschuldigten die Fahrerlaubnis im späteren Urteil gem. § 69 StGB entzogen werden wird.

Die vorläufige Entziehung der Fahrerlaubnis setzt gem. § 111a StPO voraus:

- Dringender Tatverdacht
- Hohe Wahrscheinlichkeit, dass das Gericht den Beschuldigten für ungeeignet zum Führen von Kfz halten und deshalb die Fahrerlaubnis entziehen wird

Im ersten Schritt ist der dringende Tatverdacht bezüglich der Anlasstat zu prüfen. Soweit Sie nicht schon bei der Untersuchungshaft diesen Verdachtsgrad vom hinreichenden Tatverdacht abgegrenzt haben, erfolgt dies erstmals hier.

Im zweiten Schritt prüfen Sie, ob die Voraussetzungen des § 69 StGB mit hoher Wahrscheinlichkeit vorliegen, also ob sich aus der Tat ergibt, dass der Beschuldigte zum Führen von Kraftfahrzeugen ungeeignet ist.

Formulierungsbeispiel: „Bei Gericht ist gem. § 111a Abs. 1 StPO zusätzlich der Antrag auf vorläufige Entziehung der Fahrerlaubnis zu stellen. Hierzu bedarf es dringender Gründe für die Annahme, dass dem Beschuldigten die Fahrerlaubnis entzogen werden wird. Erforderlich ist zum einen der dringende Tatverdacht bezüglich der Anlasstat, und zum anderen die hohe Wahrscheinlichkeit dafür, dass die Voraussetzungen des § 69 StGB im Zeitpunkt des Urteils vorliegen werden. Das ist hier der Fall. Der dringende Tatverdacht ist gegeben, denn (…). Ferner liegen die Voraussetzungen gem. § 69 StGB vor (siehe oben)[51], die mit hoher Wahrscheinlichkeit auch im Zeitpunkt des Urteils gegeben sein werden. Denn (…)"

Je nachdem, ob die Voraussetzungen des § 111a StPO gegeben sind und ob sich der Führerschein bereits im amtlichen Gewahrsam der Ermittlungsbehörden befindet, ist im B-Gutachten auf die erforderlichen Maßnahmen (Antragstellung in der Abschlussverfügung) hinzuweisen:

159 Die Voraussetzungen des § 111a StPO **liegen vor**:

- *Der Führerschein ist noch nicht sichergestellt (1.Var.)/ist sichergestellt, aber Beschuldigter hat Widerspruch eingelegt (2.Var.)*
  Die richterliche Entscheidung über den § 111a-Antrag wirkt gem. § 111a Abs. 3 S. 1 StPO als **Anordnung** (1. Var.) oder **Bestätigung** (2. Var.) der Beschlagnahme des Führerscheins. Im Fall der Widerspruchseinlegung tritt die Entscheidung anstelle der Entscheidung über die Beschlagnahme, § 111a Abs. 4 StPO.

Formulierungsbeispiel: „Ein Antrag gem. § 111a StPO ist zu stellen, da … (*Darlegung der dringenden Gründe*). Der Beschluss wirkt zugleich als Bestätigung der Beschlagnahme des Führerscheins, § 111a Abs. 3 S. 1 StPO, sodass mit Blick auf den vom Verteidiger erhobenen Widerspruch keine gesonderte richterliche Bestätigung der Beschlagnahme zu beantragen ist."

- *Führerschein ist sichergestellt, Widerspruch seitens des Beschuldigten ist nicht zu erwarten*
  Hier ist nichts weiter zu veranlassen, da auch das Fahren ohne Führerschein (trotz Fahrerlaubnis) gem. § 21 Abs. 2 Nr. 2 StVG strafbewehrt ist. Durch die geringere Strafandrohung von Freiheitsstrafe bis zu 6 Monaten im Vergleich zum Fahren ohne Fahrerlaubnis mit einer Freiheitsstrafe von bis zu 1 Jahr (§ 21 Abs. 1 StVG)

---

51   In der Klausur können Sie regelmäßig nach oben auf Ihre Ausführungen zu § 69 StGB verweisen.

wird der Beschuldigte praktisch dafür „belohnt", dass er keine Einwände gegen die Sicherstellung seines Führerscheins vorgebracht hat. Er hat dadurch keine Nachteile, da auch der Zeitraum der Sicherstellung des Führerscheins auf die zu verhängende Sperrzeit angerechnet wird, § 69a Abs. 6 StGB.

- *Der Beschuldigte sitzt in Untersuchungshaft, ein Antrag auf Haftfortdauer wird gestellt*
  Ein Antrag gem. § 111a StPO könnte wegen der fehlenden Gefahrenlage (wie soll der Beschuldigte in der JVA Auto fahren?!) *prima vista* unzweckmäßig sein. Für die Antragsstellung spricht aber, dass der Zeitraum der vorläufigen Entziehung der Fahrerlaubnis gem. § 69a Abs. 4 StGB auf die Sperrzeit angerechnet wird, was letztlich zugunsten des Beschuldigten wirkt. Zudem könnte der Haftbefehl jederzeit aufgehoben oder außer Vollzug gesetzt werden.

Bitte beachten Sie, dass es nach Abschluss der Ermittlung – anders als bei der Haft – keines Antrags bedarf, die vorläufige Entziehung der Fahrerlaubnis aufrechtzuerhalten: Einen „Entziehungsfortdauerantrag" gibt es nicht.

Die Voraussetzungen des § 111a StPO **liegen nicht vor**:   **160**

Ist der Führerschein sichergestellt bzw. beschlagnahmt, ist die Herausgabe an den Beschuldigten gegen Postzustellungsurkunde (PZU) zu veranlassen. Hat das Gericht die Fahrerlaubnis bereits vorläufig entzogen, beantragen Sie dort die Aufhebung der vorläufigen Fahrerlaubnisentziehung. Das Gericht ist nicht an den Aufhebungsantrag der Staatsanwaltschaft gebunden. Deshalb ist das Gericht zusätzlich um Rückgabe des Führerscheins bei antragsgemäßer Bescheidung zu bitten.

D. Antrag auf richterliche Bestätigung der Beschlagnahme

Wenn der Beschuldigte oder dessen Verteidiger (ggf. konkludent) Widerspruch gegen die Beschlagnahme sichergestellter Gegenstände (z.B. Handy, Portemonnaie etc.) eingelegt haben, ist an den **Antrag auf richterliche Bestätigung der Beschlagnahme** zu denken   **161**

- gem. **§ 98 Abs. 2 S. 1 StPO** im Fall von **Beweismitteln** oder
- gem. **§§ 111c, 111b, 111j Abs. 2 StPO** im Fall von Gegenständen, die der **Einziehung** unterliegen.

Liegt kein Widerspruch gegen die Beschlagnahme vor, ist der Antrag gleichwohl zu stellen, wenn die Beschlagnahme zuvor ohne gerichtliche Anordnung erfolgt war (Gefahr im Verzug).

Wird der Gegenstand (weiterhin) als **Beweismittel** benötigt, was Sie in der Klausur prüfen und feststellen müssen, stellen Sie den Antrag gem. § 98 Abs. 2 S. 1 StPO. Unterliegt der **Gegenstand** demgegenüber der **Einziehung**, richtet sich die Rechtmäßigkeit der Beschlagnahme nach § 111b StPO. Sie prüfen im Kern, ob die Voraussetzungen der § 73 bzw. § 74 StGB vorliegen (dazu bereits oben).

Kommt der Gegenstand weder als Beweismittel noch als Einziehungsgegenstand in Betracht, verfügen Sie seine Herausgabe.

> **Für Nutzer des Onlinekurses:** Diese Thematik wird im Kursfall „Antrag auf richterliche Bestätigung der Beschlagnahme" behandelt.

Häufig wird es in den Klausuren um den Widerspruch des Beschuldigten gegen die **Beschlagnahme des Führerscheins** gehen. Dieser unterliegt gem. § 69 Abs. 3 S. 2 StGB der Einziehung. Die Bestätigung der Beschlagnahme des Führerscheins richtet sich aber nicht etwa nach § 94 Abs. 3 StPO i.V.m. § 98 Abs. 2 S. 1 StPO, sondern – wie oben dargestellt – nach § 111a Abs. 3 StPO: Die vorläufige Entziehung der Fahrerlaubnis wirkt zugleich als Bestätigung der Beschlagnahme des Führerscheins.

E. Herausgabe von Asservaten

162 Soweit sichergestellte oder beschlagnahmte Gegenstände (Asservate) nicht oder nicht mehr als Beweismittel benötigt werden, sind sie herauszugeben, § 94 Abs. 4 StPO. Hier können Sie in besonderer Weise Praxisnähe demonstrieren. Der umsichtige Staatsanwalt weiß dem Asservatenverwalter der Staatsanwaltschaft zu gefallen und sorgt durch zeitgerechte Herausgabeverfügungen stets für Platz in den zumeist überfüllten Asservatenkammern.

I. An den letzten Gewahrsamsinhaber

163 Bei **Gegenständen von Dritten** ist grundsätzlich schlicht zu vermerken, dass die Herausgabe der *sichergestellten* Sachen an den *letzten Gewahrsamsinhaber* anzuordnen ist, **§ 111n Abs. 1 StPO**.

Formulierungsbeispiel: „Der Asservatenverwalter ist zu bitten, das Portemonnaie (Asservat Nr. 1 des Sicherstellungsprotokolls) an den Beschuldigten herauszugeben."

164 Wurden die Gegenstände hingegen *beschlagnahmt*, ist zu unterscheiden:

- Wenn der Gegenstand durch die Polizei oder Staatsanwaltschaft beschlagnahmt wurde (und allenfalls eine richterliche Bestätigung vorliegt), müssen Sie **zusätzlich** zur Herausgabeanordnung die Aufhebung der Beschlagnahmeanordnung *verfügen*.
- Wenn die Beschlagnahme aufgrund richterlicher Anordnung erfolgte, müssen Sie zunächst die Aufhebung der Beschlagnahme bei Gericht *beantragen*.[52]

II. An den Verletzten

165 **Gegenstände des Verletzten** müssen ihm unter den Voraussetzungen des **§ 111n Abs. 2 StPO** herausgegeben werden. Es ist umstritten, ob hierfür die Staatsanwaltschaft oder das Gericht zuständig ist, wobei im hier relevanten Verfahrensabschnitt des Ermittlungsverfahrens bessere Argumente für die Zuständigkeit der Staatsanwalt-

---

52 *Meyer-Goßner/Schmitt*, § 98 Rn. 30.

90

schaft streiten. Deshalb *verfügen* Sie die Herausgabe der Gegenstände in der Abschlussverfügung, anstatt beim zuständigen Gericht einen entsprechenden *Antrag* auf Herausgabe zu stellen.

Steht der Herausgabe an den letzten Gewahrsamsinhaber oder den Verletzten offenkundig der Anspruch eines Dritten entgegen, wird die Sache an den Dritten herausgegeben, wenn dieser bekannt ist, § 111n Abs. 3 StPO.

Vierter Abschnitt
Sonstiges

Schließlich kann die Klausurakte Anlass geben, sich mit weiteren verfahrenstechnischen Fragen auseinander zu setzen. **166**

A. Einleitung weiterer Strafverfahren

Erforderlichenfalls ist im B-Gutachten darauf hinzuweisen, dass **weitere Strafverfahren** einzuleiten sind. Dies ist der Fall, wenn gegen eine Person, beispielsweise einen Zeugen, der (Anfangs-)Verdacht einer Straftat besteht und ihr noch kein rechtliches Gehör gem. § 163a Abs. 1 StPO gewährt wurde. Die noch nicht verantwortlich vernommene Person kann (noch) nicht angeklagt werden. Im *B-Gutachten* ist zu vermerken, dass gegen die betroffene Person wegen des Verdachts einer zu bezeichnenden Straftat ein Ermittlungsverfahren einzuleiten ist. Das Verfahren ist ggf. abzutrennen, neu einzutragen und die verantwortliche Vernehmung als Beschuldigter zu verfügen. Achten Sie an dieser Stelle genau auf den Bearbeitervermerk: Ist der Sachverhalt nur im Hinblick auf bereits vernommene Beschuldigte zu begutachten, ist an dieser Stelle kein Wort darüber zu verlieren, ob hinsichtlich weiterer Personen ein Anfangsverdacht gem. § 152 StPO besteht. **167**

B. Abtrennung und Verbindung

Abhängig davon, ob zwischen zwei Verfahren ein persönlicher oder sachlicher Zusammenhang besteht, kommt eine Abtrennung oder eine Verbindung von Verfahren in Betracht. Ein Zusammenhang besteht gem. §§ 2, 3 StPO, wenn eine Person mehrerer Straftaten beschuldigt wird (*persönlicher* Zusammenhang), oder wenn bei einer Tat mehrere Personen als Täter, Teilnehmer oder der Begünstigung, Strafvereitelung oder Hehlerei beschuldigt werden (*sachlicher* Zusammenhang). Gemeint sind jeweils prozessuale Taten. Eine **Verfahrensverbindung** kommt in der Klausursituation selten vor, da in der Klausurakte regelmäßig ein Verfahren abgebildet wird, das gegen mehrere Beschuldigte geführt wird. **168**

Beachte: Vielfach wird in Klausuren problematisiert, ob ein gegen mehrere Beschuldigte geführtes Verfahren „verbunden" werden muss. Diese Erwägung ist fehlerhaft, denn es gibt nur ein Verfahren, das unter demselben Aktenzeichen geführt wird: zu „verbinden" ist nichts.

Eine andere Frage ist, ob alle Beschuldigte eines Verfahrens vor demselben Gericht anzuklagen sind, wenn sie nach dem Ergebnis Ihres materiell-rechtlichen Gutachtens unterschiedlicher Delikte anzuklagen sind; dann werden Ausführungen zum „Zusammenhang" gem. § 3 StPO – dann aber unter dem Aspekt der **Verfahrensabtrennung** – erforderlich sein. Klausurtaktisch spricht gegen eine Verfahrenstrennung, dass sie in diesem Fall zwei gesonderte Anklageschriften fertigen müssten, was nur in ganz seltenen Fällen beabsichtigt sein dürfte. Denkbar ist allerdings, dass das Verfahren gegen einen abwesenden oder verhandlungsunfähigen Beschuldigten abzutrennen ist und insofern eine vorläufige Einstellung gem. **§ 154f StPO** in Betracht kommt.

C. Antrag auf Zulassung der Nebenklage

169   Die Entscheidung über **Nebenklageanträge** obliegt dem Gericht. Allerdings ist gem. § 396 Abs. 2 S. 1 StPO eine staatsanwaltliche Stellungnahme erforderlich. Welche Gesetzesverletzungen zur Nebenklage berechtigen, können Sie § 395 Abs. 1 und 3 StPO entnehmen. Wem die Befugnis neben dem Verletzten selbst zusteht, ist in § 395 Abs. 2 StPO geregelt. Beachten Sie, dass die Nebenklage bei Verfahren gegen Jugendliche nur ausnahmsweise zulässig ist, § 80 Abs. 3 JGG.

D. Akteneinsicht

170   Wenn in der (sehr seltenen) Klausursituation das **Akteneinsichtsgesuch** des Verteidigers im Laufe des Ermittlungsverfahrens unbeantwortet geblieben ist, entscheiden Sie im B-Gutachten darüber. Der Verteidiger muss vom Beschuldigten gewählt (anwaltlich versicherte Vollmacht reicht aus!) oder für ihn bestellt sein (Beiordnungsbeschluss!). Im Übrigen ist gem. § 147 Abs. 2 S. 1 StPO dem Verteidiger Akteneinsicht zu gewähren, wenn der Abschluss der Ermittlungen in den Akten vermerkt ist, was der Klausursituation entsprechen dürfte.

E. Dolmetscher

171   Wenn Anhaltspunkte für das Erfordernis der Beiziehung eines **Dolmetschers** ersichtlich sind, ist dies unter Maßgabe von § 259 StPO und § 185 GVG kurz zu erörtern und die Zuziehung im Bedarfsfall gegenüber dem Gericht zu beantragen.

F. Antrag auf Wiederaufnahme des Verfahrens

172   In seltenen Klausursituationen sollen Sie sich auch zu einem **Wiederaufnahmeantrag** zuungunsten des Beschuldigten verhalten. Besonders klausurgeeignet ist dies

zum einen im Kontext des Strafbefehlsverfahrens (siehe Rn. 28). Die bisherige Klausurpraxis ist die, dass Sie lediglich die Voraussetzungen eines denkbaren Antrags auf Wiederaufnahme des Verfahrens zuungunsten des Verurteilten prüfen sollen. Nicht erforderlich war es, den Antrag zu formulieren oder gar in der Abschlussverfügung zu stellen.

Übersicht: B-Gutachten

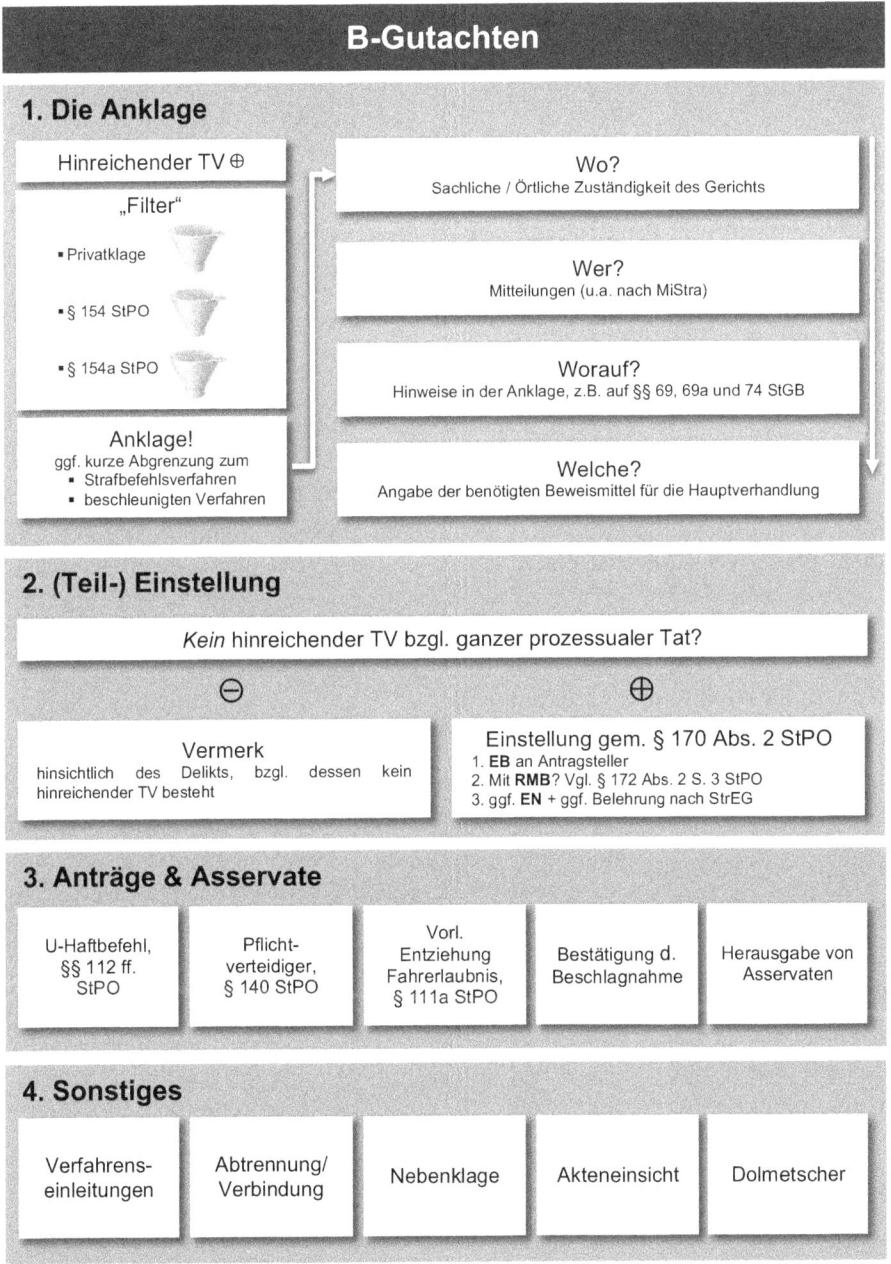

B-Gutachten

1. Die Anklage

Hinreichender TV ⊕

„Filter"

- Privatklage
- § 154 StPO
- § 154a StPO

Anklage!
ggf. kurze Abgrenzung zum
- Strafbefehlsverfahren
- beschleunigten Verfahren

Wo?
Sachliche / Örtliche Zuständigkeit des Gerichts

Wer?
Mitteilungen (u.a. nach MiStra)

Worauf?
Hinweise in der Anklage, z.B. auf §§ 69, 69a und 74 StGB

Welche?
Angabe der benötigten Beweismittel für die Hauptverhandlung

2. (Teil-) Einstellung

Kein hinreichender TV bzgl. ganzer prozessualer Tat?

⊖

⊕

Vermerk
hinsichtlich des Delikts, bzgl. dessen kein hinreichender TV besteht

Einstellung gem. § 170 Abs. 2 StPO
1. **EB** an Antragsteller
2. Mit **RMB**? Vgl. § 172 Abs. 2 S. 3 StPO
3. ggf. **EN** + ggf. Belehrung nach StrEG

3. Anträge & Asservate

U-Haftbefehl, §§ 112 ff. StPO

Pflicht-verteidiger, § 140 StPO

Vorl. Entziehung Fahrerlaubnis, § 111a StPO

Bestätigung d. Beschlagnahme

Herausgabe von Asservaten

4. Sonstiges

Verfahrens-einleitungen

Abtrennung/ Verbindung

Nebenklage

Akteneinsicht

Dolmetscher

Dritter Teil

Der praktische Teil

173 Im praktischen Teil der Klausur kann von Ihnen das Verfassen eines Antrags auf Erlass eines Strafbefehls gem. § 407 StPO oder einer Antragsschrift im beschleunigten
Verfahren gem. § 417 StPO gefordert werden. Üblicherweise müssen Sie allerdings
eine **Anklageschrift** und – je nach Bundesland – zusätzlich die **Abschlussverfügung**
fertigen, weshalb sich die nachfolgende Darstellung auf diese typische Klausursituation beschränken soll. Wichtig ist, dass der praktische Teil mit den A- und B-Gutachten
korrespondiert und diesen nicht widerspricht.

Erster Abschnitt

Die Anklageschrift

174 Die Darstellung der Anklageschrift orientiert sich an den Vorgaben der §§ 199
Abs. 2, 200 Abs. 1 StPO und Nr. 110 RiStBV. Die einzelnen Elemente werden nach-
folgend in Kürze erläutert. Die von Ihnen geforderte Darstellung der Anklageschrift
kann allerdings durch die Anweisungen im Bearbeitervermerk modifiziert werden.

Die Gestalt und die Formulierungen in der Anklageschrift variieren von Bundesland
zu Bundesland. Im Wesentlichen lassen sich eine norddeutsche und eine süddeutsche
Variante unterscheiden. Für Sie ist die Darstellungsart der Anklage maßgeblich, die
der ständigen Übung Ihres OLG-Bezirks entspricht. Die wesentliche Klausurleistung
im praktischen Teil „Anklage" dürfte jedoch bundeseinheitlich in der gelungenen
Darstellung des abstrakten und insbesondere des konkreten Anklagesatzes liegen.

Klausurtipp: Bei Zeitmangel sollten Sie erst den konkreten, dann den abstrakten Anklagesatz formulieren. Notfalls können Sie im abstrakten Anklagesatz lediglich die Gesetzespara-
graphen nennen. Sollte noch Zeit verbleiben, schreiben Sie das Rubrum.

Übersicht: Anklage Nord

Anklageschrift (Norddeutschland)

Kopfzeile (A.)

Angaben zum Gericht (B.)	Haft! (C.)

Anklageschrift

Angeschuldigte(r) und Verteidigung (D.)

wird/werden angeklagt

„am" und „in" (E.)

Abstrakter Anklagesatz (F.)

Dem / Den Angeschuldigten wird zur Last gelegt:

Konkreter Anklagesatz (G.)

Anzuwendende Vorschriften (H.)

Hinweise (I.)

Beweismittel (J.)

Wesentliches Ergebnis der Ermittlungen (K.)

Anträge (L.)

Unterschrift (M.)

Übersicht: Anklage Bayern

Anklageschrift (Bayern)

Kopfzeile (A.)

Haft! (C.)

Anklageschrift
In der Strafsache
gegen

Angeschuldigte(r) und Verteidigung (D.)

Die Staatsanwaltschaft legt aufgrund ihrer Ermittlungen dem / der Angeschuldigten folgenden Sachverhalt zur Last:

Konkreter Anklagesatz (G.)

Der / Die Angeschuldigten wird / werden daher beschuldigt,

Abstrakter Anklagesatz (F.)

Anzuwendende Vorschriften (H.)

Wesentliches Ergebnis der Ermittlungen (K.)

Angaben zum Gericht (B.)

Ich beantrage

Anträge (L.)

Als Beweismittel bezeichne ich:

Beweismittel (J.)

Mit Akten
an den / die
Herrn / Frau Vorsitzende(n) des Schöffengerichts beim Amtsgericht ...

Unterschrift (M.)

Übersicht: Anklage BaWü

Anklageschrift (Baden-Württemberg)

Kopfzeile (A.)

Angaben zum Gericht (B.)

Anklageschrift

Unter Vorlage der Akten und mit dem Antrag, das Hauptverfahren vor dem [*Gericht / Spruchkörper*] zu eröffnen, wird

Anklage

erhoben gegen

Angeschuldigte(r) und Verteidigung (D.)

Er / Sie wird angeschuldigt,

Konkreter Anklagesatz (G.)

Er / Sie habe somit ...

Abstrakter Anklagesatz (F.)

Anzuwendende Vorschriften (H.)

Beweismittel (J.)

Wesentliches Ergebnis der Ermittlungen (K.)

I.

Zur Person: ...

II.

Zur Sache: ...

Unterschrift (M.)

A. Kopfzeile

175 Zu Beginn der Anklageschrift ist die zuständige Staatsanwaltschaft zu bezeichnen, ferner Ort, Datum und das Aktenzeichen. Häufig finden Sie sämtliche Angaben im Bearbeitervermerk der Klausurakte.

– 911 Js 2259/17 –	Staatsanwaltschaft Hannover 03.08.2020

B. Angaben zum Gericht

176 Im Anschluss geben Sie den Adressaten der Anklageschrift – das zuständige Gericht – an. An dieser Stelle spiegelt sich das „Wo" des B-Gutachtens wider. Vergessen Sie nicht, den konkreten Spruchkörper[1] zu benennen, wobei Sie die Anklage wegen § 29 Abs. 2 GVG nicht an das *erweiterte* Schöffengericht adressieren dürfen, denn die Zuziehung eines zweiten Berufsrichters erfolgt grundsätzlich erst auf Antrag der Staatsanwaltschaft.

177

An das Amtsgericht – *Strafrichter* – – *Jugendrichter* –	An das Amtsgericht (Vorsitzender des) – *Schöffengericht(s)* – – *Jugendschöffengerichts* –	An das Landgericht (Vorsitzender der) – *Große(n) Strafkammer* – – *Schwurgerichtskammer* – – *Jugendkammer* –

In den süddeutschen Bundesländern wird das sachlich und örtlich zuständige Gericht demgegenüber erst am Ende der Anklageschrift (siehe Übersicht) bezeichnet:

> Zur Aburteilung ist gemäß §§ 24, 25 GVG, § 7 StPO das Amtsgericht – Strafrichter – München zuständig.

C. Haft

178 Neben der Anschrift des Gerichts soll gem. Nr. 110 Abs. 4 RiStBV der Hinweis auf die Inhaftierung des Beschuldigten, einschließlich des bereits im B-Gutachten berechneten Haftprüfungstermins, stehen.

---

[1] Während *Meyer-Goßner/Schmitt*, § 200 Rn. 3, die Anklageschrift – mit Ausnahme der Anklage zum Strafrichter – jeweils an den „Vorsitzenden" adressiert wissen möchte, hält *Kaiser/Bracker*, S. 120, dies nur beim Schöffengericht für richtig, da dieses Kollegialgericht – anders als die Große Strafkammer – nur in der Hauptverhandlung existiere. Entscheidend dürfte auch hier die regionale Handhabung sein; so belässt es etwa die Nds. Praxis, S. 32, dabei, die Anklage stets an den Spruchkörper des Gerichts (ohne Nennung des Vorsitzenden) zu senden.

> **Haft!**
>
> Haftprüfungstermin (§§ 121, 122 StPO)
>
> TT.MM.JJJJ

D. Angaben zum Angeschuldigten und zur Verteidigung

Nun sind gem. Nr. 110 Abs. 2 lit. a) RiStBV die **Personalien** des Angeschuldigten   **179**
anzugeben.

Hinweis: Der Beschuldigte heißt ab Klageerhebung „Angeschuldigter", § 157 StPO. Auch
wenn Sie im Zeitpunkt des Anklageverfassens genau besehen noch gar keine Anklage erhoben haben, ist der Beschuldigte als Angeschuldigter zu bezeichnen. Aber Achtung: In Hamburg – soweit ersichtlich auch nur dort – ist die Bezeichnung „Beschuldigter" auch in der
Anklageschrift üblich! Bitte schreiben Sie nicht versehentlich „Angeklagter" (Bezeichnung
ab Eröffnung des Hauptverfahrens, § 157 StPO) – über diesen Status entscheiden nicht Sie,
sondern allein das Gericht im Wege der Eröffnung des Hauptverfahrens. Fehler an dieser
Stelle sind gewichtig.

Abweichend von der RiStBV sollten aus Gründen der besseren Verständlichkeit die
Angaben in der Reihenfolge *Beruf, Vorname, Familienname, Geburtsname, Geburts-
tag, Geburtsort, Anschrift, Familienstand und Staatsangehörigkeit* erfolgen. Ausweislich Nr. 110 Abs. 2 lit. a) RiStBV soll der Rufname des Angeschuldigten unter-
strichen werden.

> Der Kfz-Meister Lars Oliver Mühlenhort, geboren am 20.07.1954 in Köln, wohnhaft in der
> Werderstraße 22, in 26121 Oldenburg, ledig, deutsch
>
> *In Berlin zusätzlich:*
>
> – Registerauszug anbei –/– Registerauszug wird nachgereicht –

Verbreitet werden **mehrere Angeschuldigte** durch Voranstellen römischer Ziffern   **180**
(„I., II., III.") gekennzeichnet. Die Reihenfolge der Auflistung wird bundesweit unterschiedlich gehandhabt. Teils werden die Angeschuldigten nach dem Umfang ihrer
Tatbeteiligung geordnet (Täter vor Teilnehmer; Täter vieler Straftaten vor Täter weniger Straftaten),[2] teils werden die Angeschuldigten in der Reihenfolge ihres Erschei-
nens im Ermittlungsverfahren sortiert. Werden Jugendliche oder Heranwachsende angeklagt, sind diese jedoch zwingend zuerst zu nennen, da sie die Zuständigkeit des Ju-
gendgerichts begründen.

---

2 *Heghmanns*, Rn. 779.

> I. Der Angeschuldigte Markus Schubert
>
> (…)
>
> II. Der Angeschuldigte Frank Brackmann
>
> (…)

181   Bei einem – im Zeitpunkt der Anklageerhebung – **minderjährigen** Angeschuldigten sind der Name und die Anschrift der gesetzlichen Vertreter anzugeben, denn dorthin wird die Anklage zugestellt. In Berlin wird zusätzlich auf der Anklageschrift oben rechts (wie bei der Haft) „Jugendlicher" oder „Heranwachsender" notiert.

> …, gesetzlich vertreten durch seine Eltern Rolf und Doris Hillmann, wohnhaft in Hauptstraße 14, in 26131 Oldenburg.

182   Nach Nr. 110 Abs. 4 RiStBV sind Angaben erforderlich, wenn der Angeschuldigte in derselben Sache **festgenommen** oder auch wieder entlassen wurde. Dies ist für § 51 StGB bedeutsam, wonach freiheitsentziehende Maßnahmen auf die Strafe in *demselben* Verfahren angerechnet werden können.

> … in dieser Sache vorläufig festgenommen am 1. Januar 2020 und seit diesem Tag (*oder:* seit dem 2. Januar 2020) aufgrund des Haftbefehls des Amtsgerichts Stade vom TT.MM.JJJJ (*Az:* …) in Untersuchungshaft in der Justizvollzugsanstalt Bremervörde, (*Anschrift*), (ggf. *Gefangenbuchnummer*).

183   Gleiches gilt im Fall der **Aufhebung** und der **Außervollzugsetzung** des Haftbefehls. Ist der Angeschuldigte in *anderer Sache* inhaftiert, ist dies ebenfalls mitzuteilen, ohne jedoch die genauen Haftdaten anzugeben, da § 51 StGB die Anrechnung nicht ermöglicht.

> … zurzeit in anderer Sache in Strafhaft in der Justizvollzugsanstalt Wolfenbüttel, (*Anschrift*).

184   Schließlich dürfen die gem. Nr. 110 Abs. 2 lit. b) RiStBV notwendigen Angaben zum **Verteidiger** nicht fehlen. Der Unterschied zwischen Wahl- und Pflichtverteidiger sollte mit Blick auf § 145a StPO Ausdruck finden, da – anders als der Wahlverteidiger, der seine Vollmacht zur Akte reichen muss – nur der Pflichtverteidiger als zur Zustellung bevollmächtigt gilt.[3]

> Verteidiger: RA Nico Werning LL.M., (*Adresse*), Bl. 11 d. A. (Vollmacht),
>
> *oder* beigeordnet am TT.MM.JJJJ, Bl. 11 d. A. (Beschluss).

---

3   Str., siehe nur *Wolters/Gubitz*, 1. Teil, 3. Abschn., § 2 C. III m.w.N.

E. „am" und „in"

Im Anschluss werden in einer jeweils eigenen Zeile die Tatzeit („am") und der Tatort **185**
(„in") der angeklagten Tat angegeben (§ 200 Abs. 1 S. 1 StPO, Nr. 110 Abs. 2 lit. c)
RiStBV). Die Tatzeit ist möglichst exakt anzugeben. Ist die Tatzeit nicht genau ermittelt, ist eine eingegrenzte Zeitspanne zu benennen. Soweit mehrere Taten angeklagt
werden, die an mehreren Orten begangen wurden, dürfen die Tatorte zusammenge-
fasst werden. Es werden die Tatorte (Begehungsschwerpunkte) benannt, die die örtliche Zuständigkeit des Gerichts begründen.[4] Die Formulierung *„in nicht rechtsver-
jährter Zeit"* sollten Sie mangels ausreichender Bestimmtheit vermeiden.[5]

---

wird angeklagt,

am 12.12.2019
oder im Zeitraum vom … bis …
oder in den Monaten …

in Oldenburg
oder in Düsseldorf, Meerbusch und anderenorts

bei echter/unechter Wahlfeststellung:
entweder
am/in …
oder am/in …

F. Abstrakter Anklagesatz

Im Mittelpunkt des abstrakten Anklagesatzes steht die Bezeichnung des gesetzlichen **186**
Tatbestands der anzuklagenden Delikte. Zuvor können je nach Fallgestaltung Angaben erforderlich werden, die von der Beschreibung des Delikts unabhängig sind.

I. Deliktsunabhängige Angaben

Klagen Sie **Heranwachsende** und/oder **Jugendliche** an, ist der Bezeichnung der **187**
Merkmale der Straftat voranzustellen:[6]

Heranwachsende:
„… als Heranwachsender …"

Jugendliche:
„… als (strafrechtlich verantwortlicher)[7] Jugendlicher …" *oder* „… als Jugendlicher mit
Verantwortungsreife …"

---

4   Siehe nur *Wolters/Gubitz*, 1. Teil, 3. Abschn., § 2 C. III; Nds. Praxis, S. 33.
5   Ausdrücklich etwa Berlin, S. 20.
6   In Berlin wird dies üblicherweise dort notiert, wo anderenorts die Haftdaten stehen, mit z.B. „Jugendli-
     cher zur Tatzeit!".
7   Etwa in Hessen erfolgt die Angabe typischerweise ohne den Inhalt des Klammerzusatzes.

188 Auch die folgenden **Täterschaftsformen** sind vorab zu kennzeichnen:

> Mittäterschaft:
> „… gemeinschaftlich (*teils mit:* handelnd) …"
>
> Mittelbare Täterschaft:
> „… durch einen anderen …"

189 Das **konkurrenzrechtliche Verhältnis** der Delikte zueinander (= materieller Tatbegriff!) bezeichnen Sie mit:

> Tateinheit, § 52 StGB:
> „… durch dieselbe Handlung …" *oder* „tateinheitlich"[8]
>
> Tatmehrheit, § 53 StGB:
> „… durch 3 Straftaten …" *oder* „durch drei selbständige Handlungen"[9]

190 In Tatmehrheit begangene Handlungen werden durch arabische Ziffern gegliedert („1., 2., 3."). Die Gliederung von Handlungen in Tateinheit erfolgt in kleinen Buchstaben („a., b., c."). Hat der Angeschuldigte mehrmals dasselbe Delikt verwirklicht, wird dies im Fall von **Tateinheit** (sog. gleichartige Tateinheit) durch die Verwendung des Plurals (z.B. bei § 242 StGB: … *fremde bewegliche Sachen weggenommen zu haben*), im Fall von **Tatmehrheit** (sog. gleichartige Tatmehrheit) durch die Wendung „*jeweils*" oder durch die Anzahl der Straftaten (zumeist „*Fälle*" genannt) verdeutlicht.

> … durch 2 Straftaten
> 1. durch dieselbe Handlung
>   a) … (*§ 242 Abs. 1 StGB*) …
>   b) … (*§ 303 Abs. 1 StGB*) …
> 2. …
> *oder*
> … in drei Fällen (*oder)* durch 3 Straftaten jeweils
> (*§ 242 Abs. 1 StGB*) …

II. Bezeichnung der gesetzlichen Merkmale der Straftat

191 Im Anschluss bezeichnen Sie gem. § 200 Abs. 1 S. 1 StPO die gesetzlichen Merkmale der Straftat. Darunter sind die abstrakten Tatbestandsmerkmale der materiell-recht-

---

8 Siehe Empfehlung in Berlin, S. 21.
9 Die zweite Variante ist etwa im GPA-Bereich, Berlin oder in Hessen verbreitet, um dadurch zum prozessualen Tatbegriff abzugrenzen. Für die erste Formulierungsvariante spricht indes der Wortlaut des § 53 StGB und der Grundsatz, dass im abstrakten Anklagesatz die *gesetzlichen* Merkmale aufzuführen sind.

lichen Strafvorschrift zu verstehen.[10] Im Grundsatz sollten Sie sich streng an den Wortlaut der jeweiligen Strafvorschrift halten.

Ausnahmen bilden Merkmale, die keine Tatbestandsmerkmale sind, sondern im Tatbestand lediglich die Funktion eines **allgemeinen Verbrechensmerkmals** übernehmen, wie „rechtswidrig" in § 303 StGB oder „widerrechtlich" in § 123 StGB.[11] Als im Anklagesatz zu bezeichnendes Tatbestandsmerkmal ist „rechtswidrig" in der Regel einzuordnen, wenn es das *Attribut* eines anderen Tatbestandsmerkmales ist (z.B. „rechtswidrig" gem. § 242 StGB ist Attribut der Zueignungsabsicht).[12] Bezieht sich das Merkmal grammatisch auf die gesamte tatbestandliche Handlungsbeschreibung (wie „rechtswidrig" in §§ 240, 253, 303 StGB), ist es Verbrechensmerkmal und findet im Abstraktum keine Erwähnung. Ungeschriebene Tatbestandsmerkmale wie die „Finalität" (§ 249 StGB) oder die „Vermögensverfügung" (§ 263 StGB) finden ebenfalls keine Erwähnung.[13]

Kann ein gesetzlicher Tatbestand in mehreren Varianten verwirklicht werden, werden nur die erfüllten Varianten (durch die Konjunktion „und" verdeutlicht) aufgenommen. Ein „oder" darf im abstrakten Anklagesatz nur in Fällen der echten Wahlfeststellung auftauchen.

– Körperverletzung:

… eine andere Person körperlich misshandelt **und** an der Gesundheit geschädigt zu haben …

– Betrug:

… in der Absicht, sich ~~oder einem Dritten~~ einen rechtswidrigen Vermögensvorteil zu verschaffen, das Vermögen eines anderen dadurch beschädigt zu haben, dass er durch Vorspiegelung falscher ~~oder durch Entstellung oder Unterdrückung wahrer~~ Tatsachen einen Irrtum erregte…

– Wahlfeststellung:

entweder

… (§ 242 Abs. 1 StGB) …

oder

… (§ 259 Abs. 1 StGB) …

Auch beim Widerstand gegen Vollstreckungsbeamte (§ 113 StGB) ist nur die einschlägige Tatbestandsvariante mitzuteilen. Zumindest für das Land Berlin wird empfohlen, offen zu lassen, ob der Amtsträger im Zeitpunkt der Tat zur Durchsetzung eines Gesetzes, einer Verordnung oder eines Verwaltungsakts berufen war. Wollte

192

---

10 *Meyer-Goßner/Schmitt*, § 200 Rn. 11.

11 *Solbach/Klein/Auchter-Mainz*, S. 128.

12 Allgemein zu dieser Abgrenzung – und deren Kritik – siehe NK-*Puppe*, § 16 Rn. 14 ff. Dass diese Faustregel keine Allgemeingültigkeit beanspruchen kann, zeigt sich z.B. bei § 246 StGB, wo das Merkmal – obwohl es kein Attribut ist – ebenfalls Tatbestandsmerkmal ist, NK-*Puppe*, § 16 Rn. 15.

13 Siehe zuletzt nur *Hagemeyer/Heller*, JA 2017, 535, 538.

beispielsweise ein Polizist in der Tatsituation eine polizeiliche Verfügung durchsetzen, lautet der abstrakte Anklagesatz dennoch:[14]

> … einem Amtsträger, der zur Vollstreckung von Gesetzen berufen ist, bei der Vornahme einer solchen Diensthandlung mit Gewalt Widerstand geleistet zu haben.

Qualifikationen werden nach der Bezeichnung des gesetzlichen Tatbestands mit dem Wort „wobei" bzw. mit „und zwar" eingeleitet. Ob auch Vorschriften in den Anklagesatz gehören, die ausschließlich auf Rechtsfolgenseite bedeutsam sind (sog. **Rechtsfolgennormen**), ist umstritten.[15] Zumindest werden in der Praxis zumeist die Regelbeispiele wie § 243 StGB nach den gleichen Regeln wie Qualifikationen im Abstraktum benannt,[16] ebenfalls der sehr klausurrelevante § 69 StGB.

> *§ 244 Abs. 1 Nr. 1 a.) 2. Variante StGB:*
> …, wobei er ein gefährliches Werkzeug bei sich führte.
>
> *§ 243 Abs. 1 S. 2 Nr. 1 1. Variante StGB:*
> … und zwar durch Einsteigen in ein Gebäude.
>
> *§ 69 Abs. 1 2. Variante StGB:*
> …, wobei sich aus der Tat ergibt, dass sie zum Führen eines Kraftfahrzeugs ungeeignet ist.

193 In manchen Bundesländern wie in **Berlin** ist es üblich den Hinweis gem. §§ 69, 69a StGB *vor*, in **Hessen** *nach* den anzuwendenden Vorschriften zum Ausdruck zu bringen:[17]

> „*Durch seine Tat hat sich der Angeschuldigte Müller als ungeeignet zum Führen von Kraftfahrzeugen erwiesen.*"

Auch wird die Rechtsfolgenvorschrift des **§ 21 StGB** verbreitet in den abstrakten Anklagesatz aufgenommen:

> am…/in…
> im Zustand erheblich verminderter Schuldfähigkeit
> … *(gesetzlicher Tatbestand)*
> *oder*
> … *(gesetzlicher Tatbestand)*, wobei seine Fähigkeit, das Unrecht der Tat einzusehen (bzw. nach dieser Einsicht zu handeln) wegen einer krankhaften seelischen Störung bei Begehung der Tat erheblich vermindert war.[18]

194 Die Schuldform **Vorsatz** sollte im abstrakten Anklagesatz grundsätzlich keine Erwähnung finden. Dass der Angeschuldigte ohne Bezeichnung der Schuldform vor-

---

14 *Hagemeyer/Heller*, JA 2017, 622, 626.
15 Siehe nur Vordermeyer/von Heintschel-Heinegg/*Eschelbach*, Teil D Kap. 1 Rn. 103.
16 *Meyer-Goßner/Schmitt*, § 200 Rn. 10.
17 Berlin, S. 27; siehe auch *Wolters/Gubitz*, Rn. 196.
18 Nds. Praxis, S. 34.

sätzlich gehandelt haben muss, folgt aus § 15 StGB, wonach im Grundsatz nur vorsätzliches Handeln unter Strafe steht. Die Fahrlässigkeitsstrafbarkeit hat im deutschen Strafrecht Ausnahmecharakter und muss in der Strafvorschrift vom Gesetzgeber ausdrücklich angeordnet werden. Folgerichtig bedarf nur die Schuldform der Fahrlässigkeit (als Ausnahme zur Grundregel) im abstrakten Anklagesatz der Darstellung.[19] Dennoch wird – etwa in Berlin[20] – unter Verweis auf die übliche Praxis empfohlen, bei *allen* (auch) fahrlässig begehbaren Straftaten (z.B. § 223 StGB und § 229 StGB) die Schuldform im Abstraktum klarzustellen.[21]

Bei Delikten, die tatbestandlich **Vorsatz-/Fahrlässigkeitskombinationen** aufweisen (z.B. § 315c StGB[22]) oder im Tatbestand *expressis verbis* zwischen den Schuldformen unterscheiden (z.B. § 258 StGB; § 323a StGB) oder Schuldformen ausweisen (§§ 26, 27 StGB), ist es aus Klarstellungsgründen sinnvoll und in der Praxis üblich, die einschlägige Schuldform auszuweisen. Dem Angeschuldigten soll der Schuldvorwurf im Anklagesatz unmittelbar deutlich werden.

> *§ 315c StGB:* ... *vorsätzlich* ein Fahrzeug geführt zu haben, ... und dadurch *fahrlässig* Leib und Leben eines anderen Menschen ...

Um der Informationsfunktion der Anklageschrift gerecht zu werden, sollten Sie den Anklagesatz jederzeit verständlich gestalten. Dies ist bisweilen nur durch **Vereinfachungen** möglich, die gem. Nr. 110 Abs. 2 lit. c) RiStBV im abstrakten Anklagesatz ausdrücklich erwünscht sind.

1. Vereinfachung bei Teilnahme und § 323a StGB

Werden Täter und Teilnehmer einer Straftat zusammen angeklagt, wird die **Haupttat** **195**
vor der Teilnahmehandlung beschrieben. Bei den gesetzlichen Merkmalen der Teilnahmehandlung können Sie die Haupttat mit „ihm zu dieser Tat" oder „ihm zu Tat zu 3." in Bezug nehmen.

> I. Der Angeschuldigte Müller eine andere Person körperlich misshandelt und an der Gesundheit geschädigt zu haben.
> II. Der Angeschuldigte Meier **ihn zu dieser Tat** vorsätzlich bestimmt zu haben.

Sollten Sie – in der Klausursituation eher untypisch – nur den Teilnehmer anklagen müssen, ist es zulässig und in der Praxis durchaus üblich, die Haupttat ohne Wiedergabe ihrer gesetzlichen Merkmale mit der verkürzten Deliktsbezeichnung im Klammerzusatz zu beschreiben.[23]

---

19 Für den Urteilstenor ebenso BGH 3 StR 61/92; siehe auch BGH 3 StR 597/99.
20 Berlin, S. 21.
21 Zum Streitstand siehe *Weitner/Schuster*, JA 2014, 59, 64.
22 Auch für § 316 StGB bejahend *Heghmanns*, Rn. 790.
23 Vgl. *Heghmanns*, Rn. 792. Für die Nennung der gesetzlichen Merkmale unter Berufung auf den „fairtrial"-Grundsatz, *Solbach/Klein/Auchter-Mainz*, S. 128.

> ... vorsätzlich einem anderen zu dessen vorsätzlich begangener rechtswidriger Tat (schwerer Raub)[24] Hilfe geleistet zu haben.

Ebenso können Sie beim Vollrausch gem. § 323a StGB verfahren:

> ... sich vorsätzlich durch alkoholische Getränke in einen Rausch versetzt und in diesem Zustand eine rechtswidrige Tat (Trunkenheit im Verkehr)[25] begangen zu haben und deswegen nicht bestraft werden zu können.

2. Vereinfachung bei Versuch

196 Der Versuch ist im Abstraktum üblicherweise verkürzt mit „versucht zu haben" darzustellen. Hat der Angeschuldigte dasselbe Delikt in Tatmehrheit mehrmals gem. § 53 StGB verwirklicht, einmal jedoch nur im Versuch, sollte vereinfacht formuliert werden:

> 1.-5. eine andere Person körperlich misshandelt und an der Gesundheit geschädigt zu haben, wobei es im Fall 3 beim Versuch blieb.

Häufige Fehlerquelle ist die korrekte Zuordnung subjektiver Elemente. Merken Sie sich, dass eine Absicht weder versucht werden kann noch kann sie für sich betrachtet rechtswidrig sein (auch wenn der Gesetzgeber in § 289 StGB denselben „Fehler" begeht). Deshalb:

> **Falsch:** ... versucht zu haben, in der Absicht ...
>
> **Falsch:** ... in rechtswidriger Zueignungsabsicht ...
>
> **Richtig:** ... in der Absicht, sich eine Sache rechtswidrig zuzueignen, versucht zu haben, diese wegzunehmen ...

3. Vereinfachungen bei unterschiedlichen Qualifikationsmerkmalen

197 Hat der Angeschuldigte durch zwei Straftaten zweimal dasselbe Delikt in unterschiedlichen Qualifikationsvarianten begangen, bietet sich die Formulierung an:

> durch 2 Straftaten
>
> jeweils
>
> 1.-2. eine andere Person körperlich misshandelt und an der Gesundheit geschädigt zu haben, wobei er die Körperverletzung im ersten Fall mittels einer Waffe und im zweiten Fall mittels einer das Leben gefährdenden Behandlung beging.

---

24 In Berlin, dort S. 38, wird anstelle der Klammer geschrieben: „..., nämlich einem Betrug, ...".
25 In NRW wird die Rauschtat üblicherweise nicht bezeichnet, sondern nur im Konkretum beschrieben und bei den anzuwendenden Vorschriften aufgelistet, *vgl. Solbach/Klein/Auchter-Mainz*, S. 128.

Ähnlich ist die Darstellung, wenn zweimal dieselbe Straftat tateinheitlich mit jeweils unterschiedlichen Taten begangen wurde:[26]

> durch 2 Straftaten
>
> jeweils
>
> 1.-2. eine andere Person körperlich misshandelt und an der Gesundheit geschädigt zu haben,
>
> im ersten Fall durch dieselbe Handlung,
>
> einen anderen Menschen beleidigt zu haben
>
> im zweiten Fall durch dieselbe Handlung,
>
> eine fremde bewegliche Sache einem anderen in der Absicht weggenommen zu haben, die Sache sich rechtswidrig zuzueignen.

4. Vereinfachungen bei mehreren Angeschuldigten

Klagen Sie mehrere Angeschuldigte an, kann die Anklage schnell unübersichtlich werden. Umso mehr sollten Sie sich um eine gestraffte Darstellung der gesetzlichen Merkmale bemühen. Geschickt ist es, wenn Sie möglichst viele Merkmale „vor die Klammer" ziehen, um so unschöne Wiederholungen zu vermeiden.   **198**

Keine Unterschiede zum Alleinangeschuldigten weist die Darstellung der Straftaten bei **Mittätern** auf, die gemeinschaftlich dasselbe Delikt verwirklicht haben. Haben die Angeschuldigten nicht als Mittäter, sondern **nebentäterschaftlich** (kein gemeinsamer Tatplan gem. § 25 Abs. 2 StGB) gehandelt, eröffnen Sie für jeden Angeschuldigten eine eigene Gliederungsebene:

> I. der Angeschuldigte Norden
>   1. …
>   2. …
> II. der Angeschuldigte Schwab

Haben die Angeschuldigten nur teilweise gemeinschaftlich gem. § 25 Abs. 2 StGB, im Übrigen nebentäterschaftlich gehandelt (z.B. beim **Exzess**), kommt das auch im abstrakten Anklagesatz zum Ausdruck. Zu empfehlen ist, die Anzahl der durch die Angeschuldigten jeweils begangenen Straftaten vorab darzustellen.[27] Es dient der Übersicht und Zuordnung, wenn die einzelnen Straftaten als „Fälle" auch im Abstraktum genannt werden. Die Chronologie der Straftaten muss hierbei nicht eingehalten werden.[28]

---

26 Wie hier *Kaiser/Bracker*, Rn. 319.
27 Siehe nur *Heghmanns*, Rn. 809.
28 *Heghmanns*, Rn. 809.

der Angeschuldigte Schaaf durch 2 Straftaten,

der Angeschuldigte Hillmann durch 4 Straftaten,

der Angeschuldigte Ehlers durch 3 Straftaten

I. die Angeschuldigten gemeinschaftlich handelnd
    1. durch dieselbe Handlung (Fall 2)
       a) …
       b) …
    2. … (Fall 5)
II. der Angeschuldigte Hillmann
    1. … (Fall 1)
    2. … (Fall 3)
III. der Angeschuldigte Ehlers (Fall 4)

…

199 Zum Abschluss ein Beispiel: Die Angeschuldigten A, B und C haben gemeinschaftlich einen Diebstahl am Abend des 01.01.2020 begangen (Fall 1). C hatte dabei – ohne Kenntnis der anderen – eine Pistole im Rucksack. Am Morgen desselben Tages beging B schon eine Beleidigung (Fall 2), am nächsten Tag verübte A allein einen Diebstahl (Fall 3), C einen Wohnungseinbruchdiebstahl (Fall 4).

die Angeschuldigten jeweils durch 2 Straftaten

I. die Angeschuldigten im Fall 1 gemeinschaftlich handelnd, der Angeschuldigte A im Fall 3, der Angeschuldigte C im Fall 4

    … *(Tatbestand des § 242 StGB) …*, wobei der Angeschuldigte C im Fall 1 eine Waffe bei sich führte[29] und im Fall 4 zur Ausführung der Tat in eine Wohnung einbrach

II. der Angeschuldigte B (Fall 2)

    … *(Tatbestand des § 185 StGB) …*

G. Konkreter Anklagesatz

200 Der konkrete Anklagesatz bildet das tatsachenbasierte Spiegelbild des abstrakten Anklagesatzes. Sämtliche Tatbestandsmerkmale der inneren und äußeren Tatseite müssen mit Tatsachen „unterfüttert" werden (Kongruenzerfordernis). Gelingt Ihnen dies nicht, ist der Tatbestand nicht erfüllt, sodass die Anklage genau besehen schon nicht zur Eröffnung des Hauptverfahrens führen dürfte, sondern das Verfahren eingestellt werden müsste.[30]

Wichtig: Niemals dürfen Sie das tatsächliche Geschehen mit Rechtsbegriffen schildern; dies wäre ein Mangel an Subsumtion. Einen Subsumtionsmangel stellt auch die Formulierung „ent-

---

29 Hätte C die Pistole auf Grundlage des gemeinsamen Tatplans dabei gehabt, hätte es wegen der mittäterschaftlichen Zurechnung heißen müssen: „…, wobei *sie* im Fall 1 eine Waffe bei sich führten…".
30 Siehe nur Nds. Praxis, S. 35.

wenden" für die Wegnahme z.B. bei § 242 StGB dar, da der Zeitpunkt des Gewahrsamswechsels unklar bleibt.[31]

Falsch: „Der Angeschuldigte beleidigte den Zeugen Röske mit „Du Hurensohn!"

Richtig: „Der Angeschuldigte bezeichnete den Zeugen Röske mit den Worten „Du Hurensohn!"

Speziell beim konkreten Anklagesatz machen sich die Funktionen der Anklageschrift **201** bemerkbar; zum einen soll der Angeschuldigte so präzise wie möglich über den strafrechtlichen Vorwurf informiert werden (**Informationsfunktion**), zum anderen wird die Strafverfolgung auf einen unverwechselbaren Lebenssachverhalt begrenzt (**Umgrenzungsfunktion**).[32] Übergeleitet wird zum konkreten Anklagesatz teilweise mit einem relativierenden Zwischensatz:

Dem Angeschuldigten wird (*z.T.:* Folgendes) zur Last gelegt:

oder (in Süddeutschland)

Die Staatsanwaltschaft legt auf Grund ihrer Ermittlungen dem Angeschuldigten folgenden Sachverhalt zur Last:

Anderenorts (z.B. im GPA-Bereich oder im Saarland) ist es verbreitet, die Konkretisierung durch einen im Indikativ gehaltenen Nebensatz mit dem Wort „indem" überzuleiten.

---

1. eine andere Person körperlich misshandelt und an der Gesundheit geschädigt zu haben,

indem er dem Schiedsrichter den Ellenbogen gezielt ins Gesicht schlug…

2. eine fremde Sache zerstört zu haben,

indem…

In Hessen wird auf einen Überleitungssatz wiederum vollständig verzichtet.

Die Konkretisierung schreiben Sie im Modus **Indikativ** und im Tempus **Imperfekt** (also nicht: „Er *habe* eine Flasche Bier *eingesteckt*", sondern: „Er *steckte* eine Flasche Bier *ein*"). Mehrere Taten im materiellen Sinn (§ 53 StGB) werden mit **arabischen Ziffern** gegliedert,[33] wobei diese mit der Gliederung im abstrakten Anklagesatz korrespondieren sollten.[34] Zum besseren Verständnis ist die Darstellung in der Regel **chronologisch** aufzubauen. Rutschen Sie hierbei nicht in eine Art verdeckte Beweiswürdigung ab, wie der Verfasser dieser Formulierung:

„(…) *wie der Soldat Müller aus nächster Nähe gesehen hatte*, schoss der Angeschuldigte A auf den Geschädigten B (…)".

Erfahrungsgemäß ist der Zeitdruck im Examen bei der Ausformulierung des Konkretums sehr hoch. Um im Eifer des Gefechtes dem Prüfer ein möglichst anschauliches

---

31 Vgl. OLG Hamm, Beschl. v. 6.5.2013 – III – 5 RVs 38/13; nun auch OLG Dresden, Beschl. v. 12.3.2015 – 2 OLG 22 Ss 14/15.
32 *Meyer-Goßner/Schmitt*, § 200 Rn. 2, 7.
33 *Heghmanns*, Rn. 805.
34 Siehe etwa Berlin, S. 23.

Bild des angeklagten Geschehens zu vermitteln, hat sich die Beantwortung der folgenden Fragen als taugliches Hilfsmittel erwiesen: **Wer** hat **wann**, **wo**, **was**, **wie** und **warum** getan?

> **Für Nutzer des Onlinekurses:** Die Themen „Verdeckte Beweiswürdigung" und „Vollständigkeit" werden unter „Das Konkretum" behandelt.

I. „Wer" … (= Angeschuldigter)?

202   Gibt es nur einen Angeschuldigten, kann dieser mit „er" bzw. „sie" in Bezug genommen werden. Sind mehrere Angeschuldigte zu unterscheiden, sollte der Angeschuldigte mit Nachnamen bezeichnet werden und nicht mit „Angeschuldigter zu I."[35] Haben die Angeschuldigten als Mittäter gehandelt, wird dies verbreitet mit „… *im bewussten und gewollten Zusammenwirken …*" oder „… *gemäß ihres zuvor gemeinsam gefassten Tatplans …*" formuliert.

Die sonstigen Geschehensbeteiligten sollten mit ihrer Berufsbezeichnung oder neutral mit „*Zeugen*" beschrieben, nicht aber als „Verletzte" oder „Geschädigte"[36] bezeichnet werden. Denken Sie daran, dass bei manchen Straftatbeständen die Berufsbezeichnung des Zeugen von tatbestandlicher Bedeutung sein kann (z.B. der Polizeibeamte bei § 113 StGB), so dass diese zwingend genannt werden muss.

II. „Wann" … (= Uhrzeit, ggf. Datum)?

203   Ist es dem Verständnis (wie häufig) dienlich, sollte die konkrete Uhrzeit bzw. Zeitraum der Tat angegeben werden. Hat der Angeschuldigte an unterschiedlichen Tagen Straftaten begangen, erwähnen Sie auch das Datum der jeweiligen Taten.

III. „Wo" … (= Tatort)?

204   Die Ortsangaben sollten so konkret wie möglich erfolgen, z.B. Straßennamen, Hausnummer etc.

IV. „Was" … (= Tathandlung einschl. Qualifikationen, Tatobjekt, Tatmittel, Taterfolg)?

205   Ist zur Erfüllung eines *Qualifikationsmerkmals* eine bestimmte Beschaffenheit des Gegenstands (z.B. bei § 250 Abs. 1 Nr. 1a) 2. Var. StGB) oder – beim *Taterfolg* – eine bestimmte Schadenshöhe (z.B. bei „Sachen von bedeutendem Wert" gem. § 315c Abs. 1 StGB) Voraussetzung, sind diese zwingend zu erwähnen.

---

35   So auch *Rieso (Ermittlungsverfahren)*, S. 2.
36   Siehe nur Berlin, S. 23; auch *Hagemeyer/Heller*, JA 2017, 535, 538.

Die nähere Beschreibung des *Tatobjekts* ist etwa im Kontext des Diebstahls bei der „Geringwertigkeit" (§ 248a StGB) des Diebesgutes von Bedeutung.

Die Nennung des *Tatmittels*, soweit dieses nicht bereits Qualifikationsmerkmal ist (z.B. die Brechstange bei § 123 StGB), ist für die Einziehung relevant.

Ist zur Tatbestandsverwirklichung ein *Opferverhalten* erforderlich, ist auch dieses darzustellen (z.B. **Irrtum** und **Vermögensverfügung** bei § 263 StGB: „...*in dem Glauben/im Vertrauen*, der Angeschuldigte sei Eigentümer des angebotenen Kfz, *übergab ihm der Geschädigte Wolff 2000 € in bar*...").

V.   „Wie" ... (Schuldformen: Vorsatz/Fahrlässigkeit)?

Auch die Schuldformen müssen Ausdruck im Konkretum finden – dies wird von Referendaren häufig außer Acht gelassen. Um diesen Fehler nicht zu begehen ist es bei geeigneten Deliktsgruppen ratsam, das Konkretum *in der Regel* mit der Darstellung des Tatplans zu beginnen[37]:

> Der Angeschuldigte entschloss sich eine Flasche Gin zu entwenden, um sie seinem Vater zum Geburtstag zu schenken. Hierzu begab er sich um 18:23 Uhr zum Supermarkt „Budni" in der Bahnhofsstraße 4, 20257 Hamburg. Dort entnahm er eine Flasche „Gin Sul" im Wert von 35 € aus dem Verkaufsregal und steckte sie in seinen Rucksack. Ohne zu bezahlen verließ er mit samt der Beute den Supermarkt.

Typische Formulierungen für den (**bedingten**) **Vorsatz** sind:

> „Er erkannte, dass (...)"/„ihm war bewusst/gleichgültig"/„(...), was er billigend in Kauf nahm"/„... wobei er mit der Möglichkeit rechnete und dennoch ..."

Wichtig: Dort, wo sich der Vorsatz des Angeschuldigten bereits aus der Beschreibung der Handlung aufdrängt, wirkt die Darstellung des Vorsatzes auf einige Prüfer anfängerhaft und sollte vermieden werden. Bei Tötungsdelikten wird es hingegen regelmäßig ratsam sein, den Vorsatz zu erwähnen, z.B.: „*(...) er stach mit Tötungswillen in den Brustkorb des Geschädigten (...)*".[38]

Für **Fahrlässigkeit** bietet sich diese Formulierung an:

> „Der Angeschuldigte befuhr mit seinem Audi A3 die Gneisenaustraße in (...), obwohl er infolge Alkoholeinwirkung mit einem Blutalkoholgehalt von 1,22 Promille nicht mehr fahrtüchtig war, *was er hätte erkennen können und müssen.*"

206

---

37   *Hagemeyer/Heller*, JA 2017, 535, 538.
38   So auch *Kaiser/Bracker*, Rn. 327.

VI. „Warum" … (weitere subjektive Tatbestandsmerkmale, z.B. Absichten oder subjektive Mordmerkmale)?

207 Einige klausurrelevante Strafvorschriften wie Diebstahl, Betrug oder Mord erfordern besondere Absichten und andere subjektive Merkmale. Typische Formulierungen für **Absicht** sind:

> „…, *um* das Geld *zu* erlangen"/„ihm kam es *darauf an*, dass…".

VII. Sonstiges

208 Setzt die Strafvorschrift das Vorliegen einer **objektiven Bedingung der Strafbarkeit** voraus (z.B. die Rechtmäßigkeit der Diensthandlung gem. § 113 Abs. 3 S. 1 StGB), müssen sich die ihr zugrunde liegenden Tatsachen ebenfalls aus dem konkreten Anklagesatz ergeben.

Bei der Darstellung des **Versuchs** folgen Sie der Prüfungsreihenfolge aus § 22 StGB, d.h. zunächst erfolgt die Darstellung des subjektiven, dann die des objektiven Tatbestands.

> Der Angeschuldigte fasste den Entschluss, den Zeugen Müller mit dem Bierkrug auf die Schulter zu schlagen, um ihn zu verletzen (= *subjektiver Tatbestand*). Er stellte sich direkt hinter den Zeugen Müller und holte zum Schlag aus (= *objektiver Tatbestand*). Noch bevor er den Zeugen Müller traf, wurde der Angeschuldigte von dem dort als Türsteher tätigen Zeugen Rodekohr überwältigt.

Beispiel eines konkreten Anklagesatzes:

> **Dem Angeschuldigten wird Folgendes zur Last gelegt:**
>
> Der Angeschuldigte, der (– *wie er wusste* –) in der Innentasche seiner Lederjacke einen 28 cm langen, spitz zulaufenden Schraubendreher trug, schlug gegen 12:16 Uhr im Eingangsbereich der Kirchweyher Bahnhofshalle viermal mit der rechten Faust auf das linke Auge der Zeugin Schubert, um an deren Mobiltelefon zu gelangen. Die Zeugin erlitt am Auge eine Verletzung (Orbitabodenfraktur), die der Angeschuldigte billigend in Kauf nahm. Der Angeschuldigte hob das zwischenzeitlich zu Boden gefallene Mobiltelefon der Zeugin auf und steckte es in die Hosentasche, um es – wie von Beginn an geplant – für sich zu behalten (, *obwohl er wusste, darauf keinen Anspruch zu haben*).[39]

---

[39] Es dürfte viele Praktiker geben, die den Inhalt der Klammerzusätze als überflüssig erachten würden (Arg.: Vorsatz sei hier jeweils selbstverständlich anzunehmen). In der Klausur dürfte es ratsam sein, den Vorsatz zumindest hinsichtlich der Rechtswidrigkeit der Zueignung sicherheitshalber darzustellen.

Überlegen Sie zunächst selbst, welche Strafvorschriften beschrieben wurden.[40]

Ob darüber hinaus weitere Sachverhaltsinformationen[41] bis hin zu einer „vollständigen und verständlich formulierten Story"[42] erforderlich sind, ist Geschmacksfrage. Tatsachen, die das Geschehen über den gesetzlichen Tatbestand hinaus konkretisieren, gehören genau besehen nicht in den Anklagesatz, sondern in das „Wesentliche Ergebnis der Ermittlungen", dessen Anfertigung im Assessorexamen vielfach erlassen ist.[43]

H. Anzuwendende Vorschriften

Nach dem konkreten Anklagesatz (in Süddeutschland nach dem abstrakten Anklagesatz) schließt sich die Bezeichnung der anzuwendenden Vorschriften an. Sie stellen fest, ob ein Verbrechen und/oder ein Vergehen verwirklicht wurden.[44] Beachten Sie aber, dass eine Tat gem. § 52 StGB nicht zugleich Verbrechen und Vergehen sein kann; in dem Fall liegt – wie im obigen Handyraub-Fall – nur ein Verbrechen vor.[45] **209**

Die Vorschriften sind jeweils gesondert anzugeben, wenn mehrere Angeschuldigte unterschiedlicher Straftaten angeklagt werden.

> Verbrechen und Vergehen, strafbar für A nach §§ …, strafbar für B nach §§ …

Im Fall der Teilnahme ist zu formulieren:

> Vergehen, strafbar gem. § 242 Abs. 1 StGB, zusätzlich für den C gem. § 26 StGB.

Im Anschluss werden die anzuwendenden Vorschriften (wie auch im Urteil, § 260 Abs. 5 S. 1 StPO) genau zitiert (z.B. § 244 Abs. 1 Nr. 1 a) 2. Var. StGB). Aufgenommen werden neben den Straftatbeständen des Besonderen Teils des StGB auch die Vorschriften des Allgemeinen Teiles, des JGG und Vorschriften aus dem Nebenstrafrecht.[46] Die Vorschriften werden verbreitet mit der *niedrigsten Zahl aufsteigend* zitiert.[47]

StGB BT – StGB AT – JGG – Nebengesetze

Denken Sie insbesondere an die tatbeschreibenden Vorschriften (z.B. Mittäterschaft,

---

40 Antwort: Schwerer Raub in Tateinheit mit Körperverletzung gem. §§ 249, 250 Abs. 1 Nr. 1 a) 2. Var., 223 Abs. 1, 52 StGB.
41 Z.B. Angaben zu Umständen, die allein die Strafzumessung betreffen; befürwortend *Wolters/Gubitz*, Rn. 184.
42 So *Heghmanns*, Rn. 801.
43 In Berlin, dort S. 24, wird eine „Geschichtserzählung", die nicht der Umsetzung des abstrakten Anklagesatzes dient, sogar als überflüssig und falsch bewertet.
44 Teils wird die Nennung der Deliktsnatur als unnötige diskriminierende Wertung der Tat begriffen, siehe nur *Wolters/Gubitz*, 1. Teil, 3. Abschn., § 2 C. VI.
45 BGH NStZ 86, 40.
46 Nebenstrafgesetze wie z.B. § 21 StVG spielen in der Klausur selten eine Rolle.
47 Vgl. nur Nds. Praxis, S. 36.

Anstiftung, Beihilfe, Versuch, Konkurrenzen, verminderte Schuldfähigkeit), Nebenstrafen (z.B. Fahrverbot), Nebenfolgen (z.B. Einziehung) und die Vorschriften des Jugendgerichtsgesetzes (§§ 1, 3 JGG bei Jugendlichen; §§ 1, 105 ff. JGG bei Heranwachsenden). Vergessen Sie auch nicht die Vorschriften, die das Antragserfordernis enthalten (z.B. § 230 StGB).

> Verbrechen und Vergehen, strafbar gem. §§ 113 Abs. 1, 223 Abs. 1, 230 Abs. 1, 249 Abs. 1, 316 Abs. 1, 52 Abs. 1, 53 Abs. 1, 69, 69a, 74 StGB.

In den **süddeutschen Bundesländern** sind die anzuwendenden Vorschriften mit der Bezeichnung der gesetzlichen Überschrift (d.h. wie sie im „Schönfelder" stehen) einzuleiten, wobei insbesondere deutlich zu machen ist, welche Beteiligungsform vorliegt, ob Tatmehrheit (mit „und" dargestellt) oder Tateinheit („in Tateinheit mit") vorliegt, und welche Variante eines Delikts einschlägig ist.[48] Keine Erwähnung soll finden, ob ein Vergehen oder Verbrechen vorliegt.[49]

> strafbar als gefährliche Körperverletzung und Diebstahl
> gemäß §§ 223, 224 Abs. 1 Nr. 2, 242, 247, 11 Abs. 1 Nr. 1a, 53 StGB.

Im Jugendstrafrecht ist die Besonderheit zu beachten, dass dort gem. § 31 JGG die sog. Einheitsstrafe zu bilden ist, sodass vom Richter §§ 52 ff. StGB und auch Strafzumessungsregelungen wie § 243 StGB in der Sache nicht angewendet werden. Konsequenterweise müssten diese Vorschriften auch nicht bei den anzuwendenden Vorschriften aufgeführt werden.[50] In der Praxis wird dies aus Klarstellungsgründen vielfach dennoch getan.[51]

I. Hinweise in der Anklageschrift

210   Die Anklageschrift ist um weitere Hinweise zu ergänzen (Nr. 110 Abs. 2 RiStBV). Bei Antragsdelikten ist auf das Vorliegen des **Strafantrags** hinzuweisen (Nr. 110 Abs. 2 lit. d) RiStBV). Die nichtssagende Feststellung, dass der Strafantrag rechtzeitig gestellt worden sei, sollte vermieden werden; geben Sie an, wer an welchem Tag wo Strafantrag gestellt hat.

> Die Verletzte (*oder in den Fällen des § 77 Abs. 2, 3 StGB*: Berechtigte) Annette Schwab hat am 14. Oktober 2019 und damit rechtzeitig beim Polizeikommissariat in Weyhe den für die Verfolgung des Hausfriedensbruchs erforderlichen Strafantrag gestellt, Bl. 4 d. A.

Wurde bei relativen Antragsdelikten kein Strafantrag gestellt und haben Sie im A-Gutachten das **besondere öffentliche Interesse** an der Strafverfolgung bejaht, ist dies ebenfalls zu erwähnen.

---

48 *Brunner/Brößler/Reiher*, Rn. 17; *Weitner/Schuster*, JA 2014, 612, 615.
49 *Weitner/Schuster*, JA 2014, 612, 615.
50 *Wolters/Gubitz*, Rn. 192; *Solbach/Klein/Auchter-Mainz*, S. 133.
51 Vgl. *Hombrecher*, JA 2008, 452, 457.

> Es besteht das besondere öffentliche Interesse an der Strafverfolgung der Körperverletzung.

Schließlich ist der Hinweis in der Anklage erforderlich, ob die Strafverfolgung gem. **§ 154a StPO** beschränkt wurde (Nr. 101a Abs. 3, 110 Abs. 2 lit. e) RiStBV). Auch an dieser Stelle sollten Sie möglichst konkrete Formulierungen wählen:[52]

> Soweit daneben noch ein Hausfriedensbruch in Betracht kommt, ist die Verfolgung gem. § 154a StPO auf die angeklagten Delikte beschränkt worden.

Möglich ist es auch, § 154a StPO schon vor dem abstrakten Anklagesatz zu bezeichnen:

> Albert Müller ...
>
> wird – unter Beschränkung gem. § 154a StPO – angeklagt,
>
> am/in ...

Im Übrigen ist in der Anklageschrift darauf hinzuweisen, dass Gegenstände der **Einziehung** unterliegen.

> Das sichergestellte Taschenmesser unterliegt gemäß § 74 Abs. 2 Nr. 1 StGB der Einziehung.

J. Beweismittel

Mit den Grundsätzen der aufzuführenden Beweismittel haben Sie sich schon im B-Gutachten beschäftigt. In der Anklageschrift werden die Beweismittel in der folgenden Reihenfolge dargestellt: **211**

> (In Bayern: „Als Beweismittel bezeichne ich:")[53]
>   I. Angaben des Angeschuldigten bzw. „Der Angeschuldigte hatte rechtliches Gehör."
> II. Zeugen
>   1. ...
>   2. ...
> III. Sachverständige
>   1. ...
>   2. ...
> IV. Urkunden
>   V. Augenscheinsobjekte

---

52 Vgl. *Heghmanns*, Rn. 814.
53 *Brunner*, S. 47.

K. Wesentliches Ergebnis der Ermittlungen

212 In Anklagen zum Schöffengericht oder zur Strafkammer ist gem. § 200 Abs. 2 S. 1 StPO das wesentliche Ergebnis der Ermittlungen mitzuteilen. Dies gilt gem. Nr. 112 Abs. 1 Nr. 1 RiStBV in Fällen einer schwierigen Sach- und Rechtslage ausnahmsweise auch bei Anklagen zum Straf-/Jugendrichter, bei denen das wesentliche Ergebnis der Ermittlungen (WE) gem. § 200 Abs. 2 S. 2 StPO grundsätzlich nicht erforderlich ist. Üblicherweise wird dieser Abschnitt in die Bereiche zur Person und zur Sache getrennt.

Im Abschnitt **zur Person** erfolgen Angaben zur Person des Angeschuldigten, zu seinen persönlichen und wirtschaftlichen Verhältnissen und insbesondere zu seinen Vorstrafen. In die Angaben **zur Sache** werden solche Tatsachen aufgenommen, die den Geschehensablauf und die Entstehung des Verdachts gegen den Angeschuldigten darstellen. Es wird zunächst der unstreitige Sachverhalt, dann die Einlassung des Angeschuldigten wiedergegeben. Danach folgen solche Tatsachen, die das Bestreiten oder Abweichungen in dem vom Angeschuldigten geschilderten Geschehensablauf widerlegen. In der Klausursituation werden die nord- und mitteldeutschen Prüfungsämter die Darstellung des wesentlichen Ergebnisses der Ermittlungen häufig erlassen haben.

In den **südlichen Bundesländern** ist in der Klausur im WE demgegenüber mehr verlangt. Dort wird an dieser Stelle insbesondere erwartet, dass Sie Stellung zu etwaigen Beweisverwertungsverboten beziehen.[54] Teilweise wird empfohlen, dass Sie sich zudem zu Beginn zu den *persönlichen Verhältnissen des Angeschuldigten* verhalten. Sodann erfolgt die Darstellung des *Tatgeschehens*, die über den Inhalt des Konkretums hinaus die Schilderung des Vor- und des Nachtatgeschehens enthält und den Kernsachverhalt auf diese Weise in einen Sinnzusammenhang stellt. Dann legen Sie die *Beweislage* dar, wobei Sie – wie oben dargestellt – zunächst mit der Würdigung der Einlassung des Angeschuldigten beginnen. Schließlich erfolgen ggf. Ausführungen zu *Rechtsfragen*.

L. Anträge

213 Abschließend werden die an das Gericht gerichteten Anträge aufgenommen. Hier ist der *Antrag auf Eröffnung des Hauptverfahrens* obligatorisch, Nr. 110 Abs. 3 S. 1 RiStBV.

Daneben kommt in der Anklageschrift der *Antrag auf Anordnung der Haftfortdauer* (§ 207 Abs. 4 StPO, Nr. 110 Abs. 4 S. 2 RiStBV) oder der *Antrag auf Aufrechterhaltung des Haftbefehls* nach Maßgabe eines Haftverschonungsbeschlusses, nicht aber der *Antrag auf Erlass eines Haftbefehls nach Maßgabe des Anklagesatzes* in Betracht. Letzteren sollte der Angeschuldigte nicht der Anklageschrift entnehmen können, die ihm bekanntlich gem. § 201 Abs. 1 StPO über das Gericht mitzuteilen ist, weshalb der Antrag in die Abschlussverfügung gehört.

---

54 *Weitner/Schuster*, JA 2014, 612, 615.

Der *Antrag auf Bestellung eines Pflichtverteidigers* wird je nach örtlicher Übung entweder in der Anklageschrift (so in Süddeutschland)[55] oder in der Abschlussverfügung zu stellen sein.[56] Denkbare Anträge im Überblick:

> Es wird beantragt, *in Bayern*: Ich beantrage:[57]
>
> a) das Hauptverfahren vor dem Landgericht – Schwurgerichtskammer – in Oldenburg zu eröffnen (*teils zusätzlich*: und die Anklage zuzulassen),
>
> b) die Fortdauer der Untersuchungshaft anzuordnen, *oder*: den Haftbefehl des Amtsgerichts … vom … aufrechtzuerhalten und Haftfortdauer zu beschließen/*oder*: den Haftbefehl des Amtsgerichts … vom … aufzuheben und einen neuen Haftbefehl nach Maßgabe des Anklagesatzes zu erlassen
>
> c) die Nebenklage zuzulassen/nicht zuzulassen
>
> d) zur Hauptverhandlung einen Dolmetscher der türkischen Sprache zu laden
>
> e) dem Angeschuldigten einen Pflichtverteidiger gem. § 140 Abs. 1 Nr. 1 StPO beizuordnen

Im südlichen Teil Deutschlands ist überdies – unter Verweis auf § 203 StPO – der Antrag üblich,[58]

> f) einen Termin zur Hauptverhandlung anzuberaumen.

M. Unterschrift des Staatsanwalts

Sie sollten die Klausur keinesfalls mit Ihrem eigenen Namen unterschreiben, sondern **214** die Anklageschrift mit folgender Angabe abschließen:

> Unterschrift des Staatsanwalts

55 Vordermeyer/von Heintschel-Heinegg/*Eschelbach*, S. 870; *Brunner/Brößler/Reiher*, S. 18.
56 In Berlin, dort S. 32, soll der Pflichtverteidigerantrag – entgegen der dortigen Praxis – in der Klausur nicht in der Anklage gestellt werden.
57 *Brunner*, Rn. 193a.
58 Vgl. nur *Brunner*, Rn. 183.

Zweiter Abschnitt
Abschlussverfügung

215 Die Abschlussverfügung enthält alle angesprochenen Gesichtspunkte des B-Gutachtens, die nicht in der Anklageschrift umgesetzt werden. Verfügungen sind schriftliche Arbeitsanweisungen an die Serviceeinheit bzw. Geschäftsstelle der Staatanwaltschaft. Das können z.B. Anweisungen zur Fertigung der Anklage in Reinschrift oder zur Gewährung von Akteneinsicht sein.

A. Begleitverfügung

216 Am Ende des Verfahrens hat der Staatsanwalt die Begleit- oder (Teil-)Einstellungsverfügung zu fertigen. Erheben Sie Anklage, verfassen Sie die sog. **Begleitverfügung**.

Formal weisen Verfügungen die **Behördenbezeichnung**, das behördliche **Aktenzeichen**, das **Datum** und die **Unterschrift** des Dezernenten (also des Staats- oder Amtsanwalts) auf. Im Grundsatz ist in jeder Verfügung zudem eine **Wiedervorlagefrist** der Akte zu notieren. Die Wiedervorlagefrist ermöglicht dem Staatsanwalt die Kontrolle über den Fortgang des Verfahrens. Handelt es sich um eine Haftsache, sollte die Verfügung gem. Nr. 52 RiStBV mit „Haft!" (vielfach mit „Sofort!" oder „Eilt!" ergänzt) gekennzeichnet werden.

Im **Vermerk** notieren Sie als Dezernent z.B. die Gründe für den fehlenden hinreichenden Tatverdacht bzgl. eines Delikts. Hier werden auch Ausführungen z.B. zu Verfahrensverbindungen bzw. -trennungen, Teileinstellungen, Strafbarkeitsbeschränkungen dargestellt.

Anschließend stellen Sie gem. § 169a StPO fest, dass die **Ermittlungen abgeschlossen** sind, Nr. 109 Abs. 1 RiStBV. Dies ist für den Verteidiger von Bedeutung, der erst ab diesem Zeitpunkt Anspruch auf *uneingeschränkte* Akteneinsicht hat, § 147 Abs. 2 S. 1 StPO. In der Praxis ist zudem der Zählkartenschlüssel anzugeben, der die statistische Erhebung des Arbeitsaufkommens in einem Dezernat ermöglicht. In der Klausur deuten Sie dies lediglich mit „**Erledigungsart**: ..." an.

Ferner müssen Sie anordnen, dass die Geschäftsstelle die **Anklageschrift in Reinform** fertigt, und dass Überstücke der Anklageschrift angefertigt werden. Zudem verfügen Sie – soweit erforderlich – **Mitteilungen** z.B. nach MiStra.

Die Akten müssen zur Einleitung des Zwischenverfahrens selbstverständlich zu Gericht. Dies verfügen Sie mit **Urschriftlich mit Akten (= U.m.A.)** dem –*Spruchkörper des Gerichts*-. **Anträge**, die nach örtlicher Übung nicht in der Anklageschrift gestellt werden, sind gemeinsam mit der U.m.A.-Verfügung zu stellen. Dazu gehören etwa der **§ 111a StPO**-Antrag, **Verbindungs**antrag, der **Pflichtverteidiger**antrag (§ 141 Abs. 2 S. 1 Nr. 4 StPO) und der **Haftbefehls**antrag.

Die Wiedervorlagefrist in der Begleitverfügung beträgt üblicherweise 3 oder 4 Monate, kürzer ist die Frist (z.B. 1 Monat), wenn das Gericht über weitere Anträge wie z.B.

§ 111a StPO entscheiden soll.

Staatsanwaltschaft Stade   TT.MM.JJJJ
Az. 141 Js 13222/13

Vfg.

ggf. **Sofort! HAFT!**

1. *ggf.* Vermerk: …

2. Die Ermittlungen sind abgeschlossen, § 169a StPO.

3. Erledigungsart: (…).

4. Anklageschrift nach anliegendem Entwurf fünffach fertigen.

5. Durchschrift der Anklage und dieser Verfügung zu den Handakten nehmen.

6. *ggf.* Mitteilung gem. § 114d Abs. 2 S. 1 StPO an die Justizvollzugsanstalt in Bremervörde.

7. *ggf.* Mitteilung (ohne Abschrift der Anklageschrift) an den Ermittlungsrichter in Stade wegen Wechsels der Haftkontrolle.

8. **U.m.A.** dem Amtsgericht – Vorsitzender des Schöffengerichts –
   in Geestland
   mit dem Antrag aus der Anklageschrift übersandt.

9. Wv. 4 Monate.

Unterschrift des Staatsanwalts

B. (Teil-)Einstellungsverfügung

Nur in seltenen Fällen werden Sie im A-Gutachten zu dem Ergebnis kommen, dass für überhaupt keine Tat ein hinreichender Tatverdacht besteht. Für diese Konstellation sieht der Bearbeitervermerk regelmäßig die Anfertigung einer Einstellungsverfügung vor. Wahrscheinlicher und etwa in Berlin oder Bayern verbreitet ist die Klausurkonstellation einer *Teil*einstellung. **217**

Wesentlicher Bestandteil der (Teil-)Einstellungsverfügung ist der **Einstellungsbescheid** („EB") an den Antragsteller.[59] In Norddeutschland hat er zumeist die Form eines an den Antragsteller gerichteten persönlichen Anschreibens, in Süddeutschland hat er üblicherweise die Gestalt eines gerichtlichen Beschlusses.

Bei der inhaltlichen Gestaltung können Sie sich an **Nr. 89 RiStBV** orientieren. Hiernach ist es unzureichend, die Einstellungsverfügung auf allgemeine und nichtssagende Redewendungen zu beschränken. Vielmehr stellen Sie dar, aus welchen Gründen der Verdacht einer Straftat nicht ausreichend erscheint oder aus welchen sonstigen Gründen eine Anklageerhebung nicht geboten ist. Ziel ist die Vermeidung unnötiger Beschwerden. Ist gleichwohl mit einer Beschwerde und einem Antrag auf Durchfüh-

---

59 Ist kein Einstellungsbescheid zu erteilen, da z.B. das Ermittlungsverfahren von Amts wegen geführt worden ist, sind die Gründe der Einstellung im **Vermerk** niederzulegen.

rung des Klageerzwingungsverfahrens zu rechnen, vergessen Sie nicht die *förmliche Zustellung* des Einstellungsbescheids zu verfügen, Nr. 91 Abs. 2 S. 2 RiStBV.

218 Zu Beginn des Bescheides bezeichnen Sie das Verfahren mit **Betreff und Bezug**. Der Einstellungsbescheid wird **höflich** eingeleitet und schließt entsprechend.

Sie teilen sodann dem Adressaten mit, dass das **Verfahren eingestellt worden** ist.[60] Anders als im süddeutschen Raum, wo die Sachverhaltsschilderung wegen der Beschlussform üblich ist, sollte der **Sachverhalt** im EB – zumindest in der Klausursituation – dem Antragsteller nicht dargestellt werden, da ihm dieser im Ausgangspunkt bekannt sein dürfte.[61]

Im Weiteren erörtern Sie die **Einlassung des Beschuldigten** oder weisen darauf hin, dass dieser von seinem gesetzlich bestehenden Schweigerecht Gebrauch gemacht hat. Nun teilen Sie die tragenden Erwägungen zur **Begründung der Einstellungsentscheidung** mit. Legen Sie hierbei den Schwerpunkt nicht darauf, was im Ermittlungsverfahren ermittelt wurde, sondern was im Hinblick auf die behauptete Straftat (und deren Voraussetzungen) gerade *nicht* ermittelt werden konnte.[62]

Soweit dies nach dem Ergebnis Ihres B-Gutachtens nötig ist, weisen Sie auf die erforderliche **Rechtsmittelbelehrung** hin („– Rechtmittelbelehrung –"). Die Belehrung müssen Sie in der Klausur nicht ausformulieren, auch in der Praxis erfolgt die Ausformulierung häufig durch die Geschäftsstelle.

Zweckmäßigerweise wird in der Praxis zunächst abgewartet, ob der Antragsteller Beschwerde eingelegt hat, und erst anschließend – soweit erforderlich – die Erteilung der **Einstellungsnachricht** („EN") an den Beschuldigten verfügt. Aus diesem Grund verfügt der Staatsanwalt eine ausreichend lange Wiedervorlagefrist (entsprechend der Beschwerdefrist mind. 1 Monat, vgl. § 172 Abs. 2 S. 1 StPO) und schreibt häufig als Erinnerungsstütze die verbliebenen Arbeitsschritte in Klammern:

---

4. …
5. Wiedervorlage 6 Wochen (Beschwerde? Falls nicht: EN an Beschuldigten (Bl. 10 d. A.);
Asservate abwickeln; Akte weglegen).

Muss der Antragsteller **nicht belehrt** werden, weil er nicht zugleich Verletzter oder das Klageerzwingungsverfahren gem. § 172 Abs. 2 S. 3 StPO ausgeschlossen ist, wird die Erteilung der Einstellungsnachricht sogleich unter einer eigenen Gliederungsziffer nach dem Einstellungsbescheid verfügt.

…
4. EN an den Beschuldigten, Bl. 16 d. A.

---

60 Es ist umstritten, ob die Feststellung der Verfahrenseinstellung zu Beginn des EB (auch „Urteilsstil" genannt) psychologisch geschickt ist; befürwortend *Rieso*, S. 65; ablehnend z.B. Nds. Praxis, S. 23 f.
61 Vgl. *Solbach/Klein/Auchter-Mainz*, S. 204; Nds. Praxis, S. 24.
62 Nds. Praxis, S. 24; ähnlich *Solbach/Klein/Auchter-Mainz*, S. 205.

Ist **keine Einstellungsnachricht** zu erteilen, weil kein Fall des § 170 Abs. 2 S. 2, 3 StPO vorliegt, erfolgt unter der gesonderten Ziffer ein entsprechender Hinweis.

…

4. Keine EN, da Beschuldigter nicht verantwortlich vernommen.

Grundstruktur des Teileinstellungsbescheids:

Süddeutsche Variante:[63]   **219**

Staatsanwaltschaft   Datum

– Az. –

Große Personalien des Beschuldigten Mühlenhort wegen Betrugs

Verfügung

1. Das Ermittlungsverfahren gegen den Beschuldigten wird hinsichtlich des Geschehens am 25. Juni 2019 gem. § 170 Abs. 2 StPO eingestellt.

Gründe:

(Sachverhalt zum Vorwurf)

(Einlassung des Beschuldigten)

(Ermittlungsergebnis)

(Tragende Erwägungen der Einstellungsentscheidung)

2. Ausfertigung von Ziff. 1 an den Antragsteller Gerhard Müller, Bl. 2 d.A., übersenden, mit Beschwerdebelehrung.
3. Mitteilung von Ziff. 1 an den Beschuldigten formlos.
4. Abtragen.
5. Die Ermittlungen sind abgeschlossen, § 169a StPO.

(Fortsetzung vgl. „Anklageverfügung")

---

63 Vgl. *Weitner/Schuster*, JA 2014, 295, 301 f.; nur *Brunner*, Rn. 223.

220 Norddeutsche Variante:[64]

Staatsanwaltschaft   Datum

– Az.–

Vfg.

1. Einstellung gemäß § 170 Abs. 2 StPO aus den Gründen zu Ziff. 2.

2. Einstellungsbescheid an den Antragsteller, Bl. 2 d. A.
   (wenn kein EB zu erteilen ist, Gründe im Vermerk erörtern)

   Ermittlungsverfahren …
   Ihre Strafanzeige vom …

   Sehr geehrte(r) Herr/Frau …,
   (Feststellung der Verfahrenseinstellung)
   (Einlassung des Beschuldigten)
   (Tragende Erwägungen der Einstellungsentscheidung, ggf. Ermittlungsergebnis)

   Hochachtungsvoll

   ggf. – Rechtsmittelbelehrung –

3. *(ggf. EN, wenn keine Beschwerdemöglichkeit
   oder Hinweis, dass keine EN erforderlich)*

4. Doppel des Bescheides zu 2.
   a) zu den Akten
   b) zu den Handakten

5. Erledigungsart: (…).

6. Wv. 6 Wochen (Beschwerde? Falls nicht: EN an Beschuldigten Bl. 13 d. A.; Akte weglegen).

Unterschrift

---

64 Vgl. *Rieso*, S. 64 f.; Nds. Praxis, S. 27 ff.

Stichwortverzeichnis

Die Zahlen verweisen auf Randnummern.

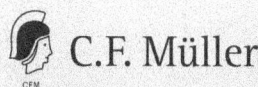

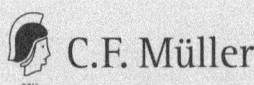